Gesund und schlank
durch Spargel

Prof. Dr. Peter-J. Paschold
Dipl. oec. troph. Gerlinde Brennenstuhl

Gesund und schlank durch Spargel

In Zusammenarbeit mit der
Fachgruppe Gemüsebau
im Bundesausschuß Obst und Gemüse, Bonn

TRIAS

Die Deutsche Bibliothek – CIP-Einheitsaufnahme
Paschold, Peter-J.:
Gesund und schlank durch Spargel : vielfältig und wirkungsvoll: wie Sie mit Spargel Ihren Körper auf genußvolle Weise entwässern, entschlacken, entgiften / Peter-J. Paschold ; Gerlinde Brennenstuhl. – Stuttgart : TRIAS, 1998
(TRIAS natürlich gesund)

Redaktion: Marion Zerbst
Research: Karolina Stuhec
Korrektur: Karl Beer, Andrew Leslie
DTP-Supervisor: Bernd Hirschmeier
Umschlaggestaltung: Cyclus · D+P Loenicker, Stuttgart
Fotos: Cover vorne Nicola Lazi (1); CMA (8), Dr. Dünner (1), Ketchum, Thomy (2), Paschold (10), Silvestris (2), Studio Teubner (6),WZ Media (7)
Konzeption und Produktion: WZ Media, Stuttgart
Repro: Konzept-Verlag, Stuttgart
Druck: Westermann Druck, Zwickau

ISBN 3-89373-434-1

Leserservice

Wenn Sie Fragen oder Anregungen
zu diesem Buch haben, schreiben Sie uns!

TRIAS Verlag
Postfach 30 11 20, D-70451 Stuttgart

Inhalt

Einleitung

Spargel gilt als ein ganz besonders leichtes und gesundes Gemüse, weniger leicht dagegen ist die Spargelernte; sie ist echte Knochenarbeit.

Abnehmen und Entschlacken mit Genuss – so könnte man, mit einem Wort, die Wirkung dieses edlen Gemüses umschreiben, das im Frühjahr die Augen vieler Menschen leuchten lässt, die wissen, was gut ist. Spargel enthält jede Menge wertvoller Vitamine, Mineralien und Spurenelemente, die uns nach dem langen Winter neue Kraft und Vitalität schenken. B-Vitamine sind Balsam für unser in der heutigen Zeit meist sehr strapaziertes Nervenkostüm und geben Energie, denn sie spielen eine wichtige Rolle für unseren Stoffwechsel. Betakarotin, Vitamin C und E erhalten jung, stärken die Abwehrkräfte und wirken vorbeugend gegen Krebs und Herz-Kreislauf-Erkrankungen. Kalium, Ballaststoffe und andere im Spargel enthaltene Substanzen haben eine entwässernde und entschlackende Wirkung.

Gleichzeitig enthält der Spargel kaum Kalorien – der Gehalt an Fett und Kohlenhydraten ist sehr gering. Deshalb machen viele Menschen im Frühjahr eine richtige „Spargel-Kur", um mit Genuss und Lebensfreude ein paar überflüssige Pfunde loszuwerden und den Körper von Giftstoffen zu befreien.

Aber natürlich muss man auch wissen, woran man beim Einkauf gute Qualität erkennt und wie man den Spargel richtig behandelt, um an diesem Feinschmecker-Gemüse wirklich ungetrübte Freude zu haben. Beim Spargel gibt es nämlich sehr große Qualitätsunterschiede; wer nicht weiß, wo man ihn am besten einkauft und woran man erkennt, ob Spargel frisch ist beziehungsweise richtig gelagert wurde, kann hinterher zu Hause eine herbe Enttäuschung erleben. Wenn man Spargel falsch oder zu lange lagert, in zu viel Wasser kocht oder gar hinterher im Kochwasser warm hält, verliert er einen großen Teil seiner gesundheitsfördernden und aromagebenden Inhaltsstoffe. Spezielle Spargelkochtöpfe und Spargelplatten erleichtern die Zubereitung und das Servieren; Grünspargel wird anders geschält und hat eine kürzere Garzeit als Bleichspargel. Alles, was man über Spargeltypen, Qualität, Einkauf, Lagerung und Zubereitung wissen sollte, verrät dieses Buch und informiert außerdem in leicht verständlicher Form über die wertvollen Inhaltsstoffe und über die neuesten medizinischen Erkenntnisse zum Thema Spargel.

Die entschlackende Wirkung nützt natürlich nichts, wenn man den Spargel mit „Kalorienbomben" wie beispielsweise sehr fettreichen Saucen oder anderen Beilagen serviert, die den Zeiger an der Waage unliebsam in die Höhe schnellen lassen. Deshalb bietet dieses Buch Ihnen neben praktischen Informationen rund um den Spargel auch eine Fülle schmackhafter, gesunder Rezepte, die nicht zu kalorienhaltig sind – nach dem Motto „Abnehmen, ohne zu leiden". Von Salaten und Suppen über Beilagen bis hin zu Hauptspeisen finden Sie hier alles, was Sie für eine köstliche Spargel-Entschlackungskur im Frühjahr an Ideen und Anregungen brauchen. Eine Zehn-Tage-Spargeldiät, bei der garantiert die Pfunde purzeln, ohne dass der Magen knurrt, und ein ausführlicher Adressenteil runden das Buch ab.

Die gerade verlaufenden Erdwälle sind typisch für Spargelfelder nach der Bifang-Methode. Es gibt außerdem noch kegelartig angelegte Felder, die der Schwetzinger Spargelanbau bevorzugt.

Spargel – gesund und vitaminreich

Nichts ist für unseren Körper gesünder als eine Spargel-Kur im Frühjahr: Die in dem Gemüse enthaltenen Vitamine und Mineralien bringen uns nach dem langen Winter wieder auf Trab; Ballaststoffe und Substanzen, die die Wasserausscheidung fördern, wirken entschlackend. Neueste Untersuchungen haben sogar ergeben, dass bestimmte Biostoffe im Spargel vor Krebs schützen. Da Spargel kaum Kalorien hat und sehr wenig Fett und Kohlenhydrate enthält, eignet er sich außerdem hervorragend zum Abnehmen. Es spricht also alles dafür, in der Spargelsaison einmal so richtig „zuzuschlagen“ und mit Genuss die Pfunde zum Schmelzen zu bringen.

Schon vor Jahrtausenden wurde der Spargel wegen seiner heilenden und krankheitsvorbeugenden Wirkung geschätzt. Die Chinesen verwendeten ihn bereits um 3000 v. Chr. als Heilmittel gegen Husten und verschiedene Hauterkrankungen. Der griechische Arzt Dioskurides lobte seine harntreibende Wirkung und die Römer aßen ihn als herzstärkendes Mittel. Auch der Ruf als Aphrodisiakum verfolgt das edle Gemüse mit dem aparten, leicht bitteren Aroma seit Jahrhunderten. Der wissenschaftliche Beweis für die erotisierende Wirkung fehlt jedoch bis heute.

Eine Vitaminspritze im Frühjahr

Wertvolle Inhaltsstoffe und wenig Kalorien machen den Spargel zur idealen Grundlage für eine Diät.

Nicht ohne Grund erfreute sich der Spargel nicht nur als Gaumenfreude, sondern auch als Heilmittel schon immer großer Beliebtheit: Es gibt kaum ein Nahrungsmittel, das so kalorienarm ist und dabei eine so große Vielzahl wertvoller Vitamine und anderer Biostoffe enthält. Das heißt, wir können mit dem Spargel einen großen Teil unseres Bedarfs an wichtigen Vitaminen, Mineralien und Spurenelementen decken, ohne viele Kalorien zu uns zu nehmen. Aus diesem Grund eignet er sich auch so hervorragend als Basis für eine Diät zur Gewichtsreduktion.

Deshalb sollte man die Spargelzeit im Frühjahr unbedingt für eine genussvolle „Abspeck-“ und Entschlackungskur nutzen und sich jeden Tag mindestens ein Gericht mit diesem köstlichen Gemüse gönnen. Rezepte und Variationsmöglichkeiten gibt es in Hülle und Fülle; und am Ende wird man feststellen, dass sich nicht nur etliche überflüssige Pfunde fast unmerklich – ohne Magenknurren und das traurige Gefühl, auf etwas verzichten zu müssen – verabschiedet haben. Nein, man wird sich nach dieser Spargelkur auch rundum frischer und vitaler fühlen.

Das liegt vor allem an den wertvollen Inhaltsstoffen dieses Gemüses, das Gourmets als Delikatesse schätzen. Zwar besteht Spargel zu 93 bis 95 Prozent aus Wasser – aber der Rest hat es in sich.

B-Vitamine für Nerven, Haut und Haare

Schwefelhaltige ätherische Öle und Asparaginsäure verleihen dem Spargel seinen typischen Geschmack. Gesundes Eiweiß ist zu etwa zwei Prozent in den köstlichen Stangen zu finden. Außerdem enthalten sie zahlreiche Vitamine, Mineralstoffe und Spurenelemente.

Die Inhaltsstoff-Angaben in mg sind nur eine grobe Orientierungshilfe; denn die Inhaltsstoffe ändern sich je nach Alter der Stange, Lagerungs- und Witterungsbedingungen.

Vitamin B_1 (Thiamin): Zum Beispiel sind im Spargel viele Vitamine des B-Komplexes enthalten. **Vitamin B_1 (Thiamin)**, das „Nervenvitamin", spielt eine wichtige Rolle bei der Energiegewinnung aus Kohlenhydraten, das heißt, es versorgt unsere Nerven und Muskeln mit Energie. Außerdem sorgt es für das reibungslose „Funktionieren" des Nervensystems: Es hilft nämlich bei der Weiterleitung von Nervenimpulsen. Deshalb ist eine ausreichende Versorgung mit Vitamin B_1 auch wichtig für unser psychisches Wohlbefinden und für ein strapazierfähiges „Nervenkostüm".

Ein schwerer Vitamin-B_1-Mangel wird in unseren Breiten kaum auftreten, da durch die Nahrung in der Regel schon eine ausreichende Zufuhr gewährleistet ist. (Vitamin B_1 ist in vielen Getreideprodukten wie Weizenkeimen, Sonnenblumenkernen, Weizenvollkornbrot und Getreidesprossen enthalten, außerdem in Cashew- und

Gerade für gestresste Menschen ist Vitamin B_1 wichtig, denn es ist Balsam für unsere Nerven.

100 g Spargel enthalten 0,11 mg Vitamin B_1; die empfohlene Tagesmenge liegt bei 1,2 mg.

Erdnüssen, Scholle und Schweinefleisch. Von den Gemüsearten haben außer Spargel jedoch nur Grünkohl und Hülsenfrüchte einen hohen Thiamin-Gehalt.)

Zu einem leichteren Thiaminmangel kann es jedoch durchaus auch bei uns kommen, denn unser Körper kann dieses Vitamin nicht speichern, daher müssen wir es uns regelmäßig zuführen. Außerdem haben Menschen, die viel Kaffee oder Tee und täglich Alkohol trinken, einen erhöhten Bedarf. Solche leichten Mangelerscheinungen äußern sich in Müdigkeit, Appetitlosigkeit, Übelkeit und Konzentrationsstörungen; auch Depressionen können auftreten.

Um in den Genuss des im Spargel enthaltenen Thiamins zu kommen, sollte man ihn nicht zu lange und nicht in zuviel Wasser kochen. Keineswegs sollte der Spargel im Kochwasser warm gehalten werden, da dann die wertvollen Inhaltsstoffe zu einem erheblichen Teil in das Wasser auslaugen. Da Bleichspargel nur acht bis 15 Minuten kochen muss, kann alles andere an Speisen vorbereitet werden und erst kurz vor dem Verzehr wird der Spargel gekocht. So kann man auf ein Warmhalten verzichten und der Genusswert des Spargels ist am höchsten. Wird dieses edle Gemüse gleich nach dem Garen verzehrt, ist auch der Verlust an empfindlichen Vitaminen sehr gering.

Den höchsten gesundheitlichen Wert hat Spargel jedoch, wenn man ihn roh verzehrt. Das geht nicht nur bei Brokkoli und Blumenkohl, sondern auch bei Spargel. Deshalb enthält dieses Buch auch ein paar Salatrezepte, für die der Spargel nicht gekocht werden muss.

Wer besonderen Wert auf die Gesundheit legt, sollte zum Spargel übrigens nie Rotwein trinken, sondern entweder einen trockenen Weißwein oder irgendein anderes

Getränk. Denn die im Rotwein enthaltenen Gerbstoffe oxydieren das Vitamin B_1 und machen es auf diese Weise unwirksam.

Vitamin B_2 (Riboflavin): Fast ebenso hoch wie der Thiamin-Gehalt ist der Gehalt an **Vitamin B_2 (Riboflavin)**: 100 g Spargel enthalten 0,12 mg Riboflavin; empfohlen wird eine Tagesmenge von 1,6 mg. Auch dieses Vitamin ist für die Energiegewinnung und damit für unsere Fitness und Vitalität zuständig und schützt die Nerven, denn es erhält die Schutzschicht rund um unsere Nervenbahnen.

Weitere gute Riboflavin-Quellen sind: Rinder- und Schweineleber (oder Leberwurst), Zuckermais, Milch und Milchprodukte, Eier, Brokkoli und Spinat.

Im Gegensatz zu Thiamin ist Vitamin B_2 zwar sehr hitzebeständig, aber dafür äußerst lichtempfindlich. Aus diesem Grund sollte man die Spargelstangen bis zur Verarbeitung stets an einem lichtgeschützten Ort aufbewahren. (Das gleiche gilt übrigens auch für Milch: Bei Milch in durchsichtigen Glasflaschen geht der größte Teil des Vitamins B_2 verloren, wenn man sie dem Tageslicht aussetzt – deshalb soll man Milch lieber in Tüten oder in dunklen Flaschen kaufen.)

Niacin: Das im Spargel enthaltene **Niacin** (0,7 mg pro 100 g) hat ebenfalls wichtige Funktionen in unserem gesamten Stoffwechsel und ermöglicht erst das richtige Arbeiten unseres Gehirns, denn es ist an der Bildung der Neurotransmitter beteiligt – jener Botenstoffe, die die Informationsübertragung zwischen den Nervenzellen sicherstellen. Außerdem reguliert Niacin den Feuchtigkeitshaushalt unserer Haut.

Mangelerscheinungen äußern sich in Nervosität, Schwindelgefühl, Kopfschmerzen und Vergesslichkeit, außerdem in Magen-Darm-Störungen wie Übelkeit und

Bauchschmerzen. Wer sich ausgewogen ernährt und außer Spargel beispielsweise regelmäßig Sardinen, Makrelen, Heilbutt oder Scholle, Rind- und Schweinefleisch oder Geflügel zu sich nimmt, hat allerdings keinen Niacinmangel zu befürchten. Pflanzliche Nahrungsmittel mit hohem Niacingehalt sind vor allem Erdnüsse, Mandeln, Sonnenblumenkerne und Hülsenfrüchte wie Erbsen, Bohnen oder Linsen.

In 100 g Spargel sind 0,06 mg Pyridoxin enthalten; unser Tagesbedarf liegt bei 1,6 bis 1,8 mg.

Vitamin B_6 (Pyridoxin) unterstützt die Muskeltätigkeit, da es den Eiweißaufbau fördert. Außerdem spielt es eine wichtige Rolle bei der Zellteilung und stärkt unser Immunsystem. Ein leichter Pyridoxin-Mangel – der bei uns gar nicht so selten vorkommt – äußert sich in erhöhter Infektionsanfälligkeit, Müdigkeit, Nervosität, Depressionen, Kreislauf- und Konzentrationsstörungen, oft auch in wunden Mundwinkeln. Täglich benötigen wir von diesem Vitamin 1,7 mg; außer im Spargel ist es in Lachs, Sardinen und Makrelen, Rinder- oder Schweineleber, Linsen und Geflügelfleisch enthalten, in etwas geringeren Mengen auch in Rind- und Schweinefleisch.

Große Wassermengen beim Waschen und Zubereiten können das Vitamin zerstören, ebenso eine übermäßig lange Garzeit; durch Einfrieren wird der Vitamingehalt um 50 Prozent reduziert.

Bei werdenden Müttern ist der Tagesbedarf an Folsäure doppelt so hoch, also 600 statt der normalerweise empfohlenen 300 Mikrogramm.

Folsäure: Besonders hoch ist der Gehalt an **Folsäure** im Spargel: 100 g gekochter Spargel enthalten 16,4 Mikrogramm; das heißt, zwei bis drei mittelgroße Spargelstangen decken bereits die Hälfte unseres Tagesbedarfs, der bei 300 Mikrogramm liegt. Ein leichter Folsäuremangel kommt bei uns ebenfalls relativ häufig vor, denn obwohl dieses lebenswichtige Vitamin in sehr vielen Nahrungsmitteln enthalten ist, kann es durch einseitige Ernährung dennoch zu einer Unterversorgung kommen.

Leider ist Folsäure nämlich auch ein sehr empfindliches Vitamin; durch Garen geht ein großer Teil der im Gemüse enthaltenen Folsäure verloren, und auch längere Lagerung bei Zimmertemperatur schadet ihm. Deshalb kann das typische „Kantinenessen", bei dem die Nahrungsmittel häufig zu lange gekocht oder warm gehalten werden, zu Folsäuremangel führen.

Ein solcher Mangel ist verhängnisvoll, denn die Folsäure ist an vielen wichtigen Stoffwechselprozessen in unserem Organismus beteiligt, unter anderem an der Produktion der Nukleinsäuren, die Träger unserer Erbinformation sind. Auch bei der Bildung der roten Blutkörperchen hat die Folsäure eine wichtige Funktion, außerdem brauchen wir sie für eine gesunde Nerventätigkeit. Schwangere benötigen besonders viel Folsäure, da der Fötus einen sehr hohen Bedarf an diesem Vitamin hat. Leidet die werdende Mutter an Folsäuremangel, so besteht die Gefahr einer Fehlentwicklung des heranwachsenden Kindes im Mutterleib.

Um auch wirklich in den Genuss aller Inhaltsstoffe des Spargels zu kommen, sollte man auch den Spargelsud weiterverwenden, beispielsweise für eine Suppe; denn in ihm sind viele Vitamine enthalten, die beim Kochen herausgespült werden (z. B. Vitamin B_6 und Biotin).

Pantothensäure: Mit 0,35 mg **Pantothensäure** pro 100 g gekochter Spargelstangen ist der Spargel auch ein wichtiger Lieferant dieses Vitamins, von dem wir etwa 6 mg pro Tag zu uns nehmen sollten. Außer in Leber, Vollkornbrot, Erdnüssen und Eiern ist es auch in vielen Gemüsen wie Brokkoli, Hülsenfrüchten und Blumenkohl und eben im Spargel enthalten. Wir brauchen es für sämtliche Wachstumsprozesse in unserem Körper, aber auch für die körpereigene Hormonproduktion und die Blutbildung; außerdem fördert es den Haarwuchs, ist also für schönes, kräftiges Haar unentbehrlich – ebenso wie das **Biotin**, das ebenfalls im Spargel enthalten und am Aufbau von Haut, Haaren und Fingernägeln beteiligt ist.

Betakarotin, Vitamin C und E killen freie Radikale

Ein Vitamin- C-Mangel äußert sich in erhöhter Infektionsanfälligkeit, Müdigkeit und Niedergeschlagenheit.

Vitamin C: Mit 20 mg pro 100 g ist der Spargel übrigens auch eine wahre **Vitamin-C**-„Bombe", wenngleich andere Gemüsearten (zum Beispiel Paprika) noch wesentlich mehr davon enthalten. Pro Tag brauchen wir etwa 75 mg Vitamin C; einen recht großen Teil dieses Bedarfs können wir durch eine großzügig bemessene Spargelmahlzeit also schon decken. Als „Freie Radikale-Killer", der unser Immunsystem stärkt und uns vor Krebs und Herz-Kreislauf-Erkrankungen schützt, ist dieses Vitamin für uns von unschätzbarem Wert.

Freie Radikale-Killer oder Antioxydantien sind Substanzen, die wir mit der Nahrung aufnehmen und die die so genannten freien Radikale in unserem Körper unschädlich machen: aggressive Sauerstoffverbindungen, die die Zellen angreifen und eine wichtige Ursache des Alterungsprozesses, aber auch von Krebs und Herz-Kreislauf-Erkrankungen sind.

Vitamin E: Auch **Vitamin E** ist ein antioxydatives Vitamin, das der Spargel für ein Gemüse in erstaunlich hoher Menge enthält: 1,8 mg nehmen wir mit 100 g gekochtem Spargel zu uns; das entspricht bereits einem Siebtel unseres Tagesbedarfs. Ansonsten ist dieses Vitamin hauptsächlich in pflanzlichen Fetten wie Oliven-, Sonnenblumen- und Weizenkeimöl, Margarine, Nüssen, Mandeln und Vollkorngetreide enthalten.

Als Antioxydantien schützen Vitamin C und E vor Krebs und Arteriosklerose und verlangsamen den Alterungsprozess.

Ein Mangel an Vitamin E ist verhängnisvoll; bei vielen Herzinfarkt- und Krebspatienten wurde ein zu niedriger

Blutspiegel dieses Vitamins festgestellt, das als Jungbrunnen gilt. Da es zu den fettlöslichen Vitaminen gehört, sollte man den Spargel mit etwas Butter oder irgendeinem anderen Fett zu sich nehmen, um die Aufnahme dieses wertvollen Krebs- und Arterioskleroseschutzes zu erleichtern.

Da Betakarotin die Vorstufe von Vitamin A ist, bezeichnet man es auch als „Provitamin A". Genau wie das Vitamin E kann der Körper es nur zusammen mit Fett verwerten.

Betakarotin: Spargel enthält außerdem **Betakarotin**, die Vorstufe des **Vitamins A**, das für die Zellteilung und das Wachstum von Geweben, aber auch für unsere Schleimhäute und unsere Sehkraft wichtig ist: Der „Sehpurpur" – das lichtempfindliche Pigment in der Netzhaut unseres Auges, das uns die Hell-Dunkel-Unterscheidung ermöglicht – besteht unter anderem aus diesem Vitamin. Deshalb äußert sich ein Vitamin-A-Mangel in Nachtblindheit: Die Sehfähigkeit wird in der Dämmerung immer schlechter, und das Auge braucht lange, um sich umzugewöhnen, wenn man von einem hellen in einen dunklen Raum kommt. Außerdem trocknen die Schleimhäute der Atemwege und Geschlechtsorgane aus, was zu einem erhöhten Infektionsrisiko führt.

Betakarotin ist aber weit mehr als nur ein Provitamin, also eine Vitamin-Vorstufe. Es schützt unseren Körper ebenfalls vor den gefährlichen freien Radikalen und stärkt damit unsere körpereigene Abwehr. Enthalten ist es vor allem in grünen und roten Gemüsearten wie Spinat, Grünkohl, Rosenkohl, Möhren und Paprika, außerdem in Blattsalaten.

Gerade ältere Menschen brauchen viel Vitamin K, um einer Osteoporose vorzubeugen. Doch gerade bei den Senioren kann eine vitaminarme Ernährung zum Mangel führen. Erstes Symptom ist eine erhöhte Blutungsneigung (z. B. Nasen- und Zahnfleischbluten).

Vitamin K ist für die Bildung von Gerinnungsfaktoren in der Leber zuständig, das heißt, ohne dieses Vitamin könnten Blutungen nicht gestillt werden. Außerdem ist es am Knochen- und Gewebeaufbau beteiligt; es kommt ihm also auch eine wichtige Rolle bei der Vorbeugung von Osteoporose zu. Viele grüne Gemüsearten – Spinat, Brokkoli, Grün- und Rosenkohl –, aber auch Geflügel und Leber enthalten Vitamin K. Etwa 150 g Spargel decken bereits unseren Tagesbedarf.

Wer sich eine „Vitaminspritze“ gönnen möchte, sollte übrigens ruhig auch öfter einmal grünen Spargel auf den Tisch bringen, denn in diesem sind wesentlich mehr Vitamine enthalten als im weißen.

Mineralien und Spurenelemente

Außer Vitaminen liefert Spargel uns auch zahlreiche wichtige Mineralstoffe und Spurenelemente.

Medizinische Studien haben gezeigt, dass Kalium zum Schutz vor Herzinfarkt beiträgt. Täglich benötigt der Mensch etwa 1 g Kalium; ein Fünftel davon ist bereits in 100 g Spargel enthalten.

Kalium: Besonders hoch ist mit über 200 mg pro 100 g der **Kalium**-Gehalt des Spargels. Kalium ist ein wahres Lebenselixier fürs Herz: Es ist nämlich an der Reizleitung am Herzen beteiligt, also dafür zuständig, dass unser Herz regelmäßig schlägt. Außerdem hat es eine wasserausschwemmende Wirkung und reguliert unseren Blutdruck. Eine kaliumreiche Ernährung ist vor allem für Menschen mit Bluthochdruck wichtig. Hypertoniker sollten bei ihren Spargelmahlzeiten mit Salz sparsam umgehen, da Salz eine blutdruckerhöhende Wirkung haben kann. Der Spargel selbst ist, wenn man ihn nicht mit zu viel Kochsalz würzt, ein sehr natriumarmes Gemüse.

Eisen: Spargel ist auch ein wichtiger **Eisen**-Lieferant. Eisen ist Bestandteil des Hämoglobins – jenes roten Blutfarbstoffes, der den Sauerstoff, den wir einatmen, aus der

Lunge in die einzelnen Zellen unseres Körpers transportiert. Ein Mangel kommt vor allem bei Frauen vor, da diese jeden Monat bei der Menstruation viel Blut verlieren; aber auch bei Vegetariern kann er auftreten, da Eisen aus Fleisch besser aufgenommen wird als aus pflanzlicher Kost.

Mangel an Eisen ist der häufigste Mineralstoffmangel. Vor allem menstruierende und schwangere Frauen sind davon betroffen; aber auch bei Schlankheitsdiäten besteht die Gefahr eines Eisenmangels.

Werdende Mütter sind besonders eisenmangelgefährdet, da während der Schwangerschaft ein erhöhter Eisenbedarf besteht. Wird dieser nicht gedeckt, so ist auch das ungeborene Kind in Gefahr, denn seine Blutversorgung ist dann stark eingeschränkt.

Die ersten Anzeichen eines Eisenmangels sind Blässe, Müdigkeit, geringe Belastbarkeit und erhöhte Infektionsanfälligkeit. Wer viel Nüsse und Hülsenfrüchte, grüne Blattgemüse, Haferflocken und Sojaprodukte und auch ab und zu etwas Fleisch isst, braucht solche Mangelerscheinungen aber nicht zu befürchten. 12 bis 18 mg Eisen brauchen wir täglich; rund 1 mg ist in 100 g Spargel enthalten.

Calcium: Das **Calcium** im Spargel (20 mg pro 100 g) ist ein wichtiger Baustein unserer Knochen und Zähne und schützt vor Osteoporose. Unser durchschnittlicher Tagesbedarf liegt bei 800 bis 1000 mg; Frauen nach den Wechseljahren, bei denen die Osteoporosegefahr erhöht ist, sollten 1500 mg pro Tag zu sich nehmen.

Mangan: Nicht zuletzt enthält Spargel viel **Mangan**, das Bestandteil wichtiger Enzyme in unserem Körper und auch am Aufbau des Bindegewebes beteiligt ist. Mangan wirkt an der Entgiftung des Körpers mit und stärkt auf diese Weise die Abwehrkräfte. Außerdem hat es eine blutzuckersenkende Wirkung, sollte also gerade in der

Nahrung des Diabetikers immer in reichlicher Menge vorhanden sein.

Kupfer: Auch an **Kupfer** ist Spargel so reich, daß eine Portion bereits etwa ein Drittel unseres Tagesbedarfs deckt. Kupfer ist wichtig für Blut- und Knochenbildung und das Zellwachstum; außerdem sorgt es dafür, dass unsere Arterien elastisch bleiben: In Tierversuchen führte bereits ein leichter Kupfermangel zu krankhaften Veränderungen der Arterien. Manche Mediziner bringen den bedrohlichen Anstieg von Herz-Kreislauf-Erkrankungen mit Kupfermangel in Verbindung. Enthalten ist dieses lebensnotwendige Spurenelement außer im Spargel auch noch in Nüssen, Schokolade, Kakaopulver, Leber, Austern, Weizenkeimen und Vollkornbrot.

Magnesium: Nicht zuletzt enthält Spargel das Anti-Stress-Mineral **Magnesium** (20 mg pro 100 g), das nicht nur beruhigend und aggressivitätsdämpfend wirkt, sondern auch die Herzleistung verbessert und die Blutgerinnungstendenz hemmt, also praktisch unser körpereigener Herzinfarkt- und Schlaganfallschutz ist.

Schwermetalle in überhöhten Konzentrationen sind nicht zu befürchten. Auch die Nitratgehalte liegen weit unter den Grenzwerten, denn Spargel wird in der Stechzeit nicht gedüngt.

Ballaststoffe sind die unverdaulichen Bestandteile pflanzlicher Nahrung. Obwohl sie unverändert wieder ausgeschieden werden, sind sie doch wichtig für uns, da sie die Darmperistaltik (wellenförmige Bewegungen der Darmmuskulatur zum Transport des Stuhls) anregen.

Die ideale Entschlackungskur

Sie sehen schon – es gibt viele Gründe, sich mit Spargel zu verwöhnen. Auch Ihre Därme werden Ihnen dafür dankbar sein: Die Spargelstangen enthalten nämlich jede

Menge unverdaulicher Faserstoffe. Diese Ballaststoffe vermehren die Stuhlmenge und regen auf diese Weise die Verdauungsmotorik an. Da kommt selbst der trägste Darm wieder in Schwung. Gerade für Menschen, die viel sitzen und wenig Sport treiben und daher häufig unter Verstopfung leiden, ist eine ballaststoffreiche Ernährung – mit viel Obst, Gemüse und Vollkornprodukten – zur Anregung der Verdauung wichtig.

Außerdem ist inzwischen erwiesen, dass Ballaststoffe den Cholesterinspiegel senken und vor Darmkrebs und wahrscheinlich auch vor anderen Krebsarten schützen. Denn erstens binden sie Giftstoffe im Darm und sorgen somit dafür, dass diese ausgeschieden werden, statt über die Darmschleimhaut in den Blutkreislauf aufgenommen zu werden. Zweitens kommen die Giftstoffe dadurch, dass der Stuhl rascher durch den Darm transportiert wird, nicht so lange mit den Darmwänden in Berührung. Dadurch wird die Aufnahme von Giftstoffen vermindert.

Auch Nierenkranke dürfen Spargel essen.

Außerdem hat Spargel eine leicht harntreibende Wirkung. Er enthält gleich mehrere Stoffe, die die Wasserausscheidung erhöhen: Kalium, Saponine und das nach dem lateinischen Namen der Spargelpflanze *(Asparagus officinalis)* benannte Asparagin, eine Aminosäure. Wir alle haben nach einer reichlichen Spargelmahlzeit schon festgestellt, dass wir häufiger zur Toilette mussten als sonst und dass unser Urin dann einen ganz eigentümlichen Geruch hatte. Letzteres ist auf eines der im Spargel enthaltenen schwefelhaltigen ätherischen Öle (Methylmerkaptan) zurückzuführen, das im Körper nicht abgebaut wird; deshalb riecht man es im Urin. Das ist völlig normal und kein Grund zur Beunruhigung.

Die wasserausschwemmende Wirkung des Spargels unterstützt den Entschlackungseffekt und macht dieses

Gemüse zur idealen Grundlage einer Diät zum „Abspecken“.

In manchen Büchern wird gewarnt, dass Menschen mit Nierenentzündung mit dem Spargelverzehr vorsichtig sein sollten. Das ist nicht richtig – im Gegenteil: Die leicht diuretische (harntreibende) Wirkung ist hier sogar positiv, denn gerade bei einer Nieren- oder Blasenentzündung ist eine größere Harnmengenausscheidung ja erwünscht. Der Harn ist dadurch weniger konzentriert und greift die entzündeten Harnwege weniger an. Außerdem verdünnt er die Konzentration der Salze im Urin, die zu einer Nierensteinbildung führen können.

Wann ist Vorsicht geboten?

Verboten ist der Spargel lediglich für Menschen, die allergisch darauf reagieren. Es gibt Allergiker, die von diesem Gemüse Durchfall, Bauchschmerzen oder Hautausschlag bekommen; manche reagieren sogar schon auf den Kontakt mit Spargel – beispielsweise beim Schälen – mit einem Ekzem. Solche Allergien kommen aber zum Glück nicht sehr häufig vor.

Vorsichtig müssen auch Menschen sein, die zu Gicht neigen. Spargel ist nämlich ziemlich purinhaltig: In 100 g Spargel sind 25 mg Purin enthalten. Das ist zwar wesentlich weniger als in Schweine- oder Rindfleisch und in Hülsenfrüchten wie Linsen, Erbsen und Bohnen, aber es muss doch berücksichtigt werden.

Die Spargelschalen sollte man aufheben und für eine Brühe nutzen: Sie regt nämlich den Appetit an.

Purine werden im Körper zu Harnsäure abgebaut; ein zu hoher Harnsäurespiegel im Blut kann bei Menschen, die dazu neigen, Gichtanfälle auslösen. Daher sollten Gichtkranke, die auf eine purinarme Ernährung achten müssen, im Frühjahr lieber keine Spargel-Kur machen;

gegen gelegentliche Spargelmahlzeiten ist jedoch nichts einzuwenden.

Die beste Diätnahrung, die es gibt

Da Spargel kaum Fett und überhaupt kein Cholesterin enthält, eignet er sich besonders gut als Nahrungsmittel für Patienten mit erhöhten Blutfettwerten. Auch Diabetiker dürfen Spargel wegen seines geringen Kohlenhydratgehalts ohne Sorge essen: 400 g Spargel entsprechen einer Broteinheit. Andererseits hat dieses Gemüse aber den Vorteil, dass es viel Fett aufnehmen kann; es lässt sich also auch kalorienreich zubereiten (und schmeckt mit einem Schälchen zerlassener Butter ja auch besonders köstlich).

Auch Menschen mit empfindlichem Magen bekommt Spargel normalerweise hervorragend, da er keinerlei schleimhautreizende Inhaltsstoffe hat. Die Spargelbrühe hat überdies eine appetitanregende Wirkung und sollte deshalb von Patienten, die unter Appetitmangel leiden, vor den Mahlzeiten getrunken werden. Sie ist auch eine gute Grundlage für Spargelsuppen.

Neueste medizinische Entdeckung: Biostoffe im Spargel schützen vor Krebs

In rohem Spargel sind viel mehr wertvolle Inhaltsstoffe enthalten als in gekochtem.

Erst in den letzten Jahren entdecken Wissenschaftler, dass Obst und Gemüse außer den bereits seit langem bekannten Vitaminen auch noch eine Vielzahl anderer Stoffe enthält, die uns fit und vital halten und Krankheiten aller Art vorbeugen. Zum Teil schützen sie uns gerade vor den verhängnisvollsten Leiden unserer Zivilisation – vom Krebs bis hin zu den häufig tödlich endenden Herz-Kreislauf-Erkrankungen. „Bioaktive Substanzen“ heißt das Zauberwort, das – nicht ohne Grund – seit einiger Zeit in aller Munde ist.

Auch der Spargel hat solche wertvollen Biostoffe zu bieten. Bei einer 1996 in den USA durchgeführten Studie wurde festgestellt, dass in Spargelstangen chemische Verbindungen – sogenannte Saponine – enthalten sind, die bei Versuchen an Zellkulturen das Wachstum von Leukämie-Zellen hemmten. Daraus schlossen die Wissenschaftler, dass die Spargel-Saponine möglicherweise eine krebsschützende Wirkung haben.

Forscher vom Hygiene-Institut der Johannes-Gutenberg-Universität in Mainz überprüften die Wirkung von 20 verschiedenen Gemüsesäften gegen karzinogene (krebserregende) Stoffe. Dabei wirkte neben Paprika, Kohlrabi, Zucchini, Fenchel, Gurke, Kopfsalat, Lauch, Brokkoli und Bohnen unter anderem auch der Spargel hemmend auf die krebserregenden Substanzen. Allerdings war diese Wirkung bei rohem Spargel sehr viel ausgeprägter als bei gekochtem.

Grundsätzlich ist anzumerken, dass die beste Krebsprophylaxe erreicht wird, wenn man sehr häufig am Tag Obst und Gemüse verzehrt und nicht nur einmal am Tag eine große Menge. Manche Mediziner vertreten die Ansicht, dass selbst fünfmaliger Verzehr am Tag noch nicht das Optimum darstellt.

Warum eignet sich Spargel so gut zum Abnehmen?

Spargel weist praktisch alle Eigenschaften auf, die ein zur Gewichtsreduktion geeignetes Nahrungsmittel haben sollte. Zunächst einmal enthält er sehr viel Wasser und nur wenig Eiweiß, Fett und Kohlenhydrate, ist also ausgesprochen kalorienarm: 100 g gekochter Spargel entsprechen nur 13 Kilokalorien. Man kann also in der Spargelzeit ruhig „zuschlagen", ohne befürchten zu müssen, dass einem die Waage nach ein paar Tagen hämisch entgegengrinst und ein bis zwei Kilogramm mehr anzeigt. (Selbstverständlich müssen auch die anderen Zutaten der Spargelgerichte entsprechend kalorienarm sein.)

Die im Spargel enthaltenen Ballaststoffe entschlacken nicht nur, sondern vermitteln auch ein angenehmes Sättigungsgefühl, ohne „Dickmacher" zu sein.

Andererseits enthält Spargel, wie bereits erwähnt, sehr viele lebenswichtige Vitamine, Mineralien und Spurenelemente. Gerade bei Gewichtsreduktionsdiäten ist die Gefahr einer einseitigen Ernährung sehr groß. Als Folge tritt dann oft schon nach kurzer Zeit ein gefährlicher Mangel an bestimmten Vitaminen und Mineralstoffen auf. Vor allem bei Menschen, die öfters solche Diätphasen einlegen, weil sie Opfer des bekannten „Jo-Jo-Effekts" sind, ist die Gefahr von Mangelerscheinungen auf die Dauer recht groß.

Deshalb ist vor solchen einseitigen Diäten zu warnen. Wirklich dauerhaft und ohne Gesundheitsschädigung abnehmen kann nur, wer sich zwar kalorienarm, aber dennoch ausgewogen ernährt. Daher sind die Spargelgerichte und Diätempfehlungen in diesem Buch so ausgewählt, dass Sie dabei zwar schon etliche unerwünschte Pfunde loswerden, aber nicht Gefahr laufen, sich einseitig zu ernähren.

Vom richtigen Umgang mit Spargel

Bei einem edlen Gemüse voller gesunder Inhaltsstoffe wie dem Spargel ist es besonders wichtig, bei Einkauf, Lagerung und Zubereitung nichts falsch zu machen. Es gibt beim Spargel große Qualitätsunterschiede; man muss sich schon etwas auskennen, um frischen und richtig gelagerten Spargel von minderwertiger Ware unterscheiden zu können. Und wenn man diese Delikatesse nicht richtig zuzubereiten versteht, gehen nicht nur viel vom köstlichen Aroma, sondern auch viele wertvolle Vitamine verloren. Hier erfahren Sie alles, was Sie wissen müssen, um an dem gesunden Gourmet-Gemüse auch wirklich Ihre ungetrübte Freude zu haben.

Ausgegrabene ertragfähige Spargelpflanze. Die Triebe fangen die Sonnenenergie auf und verwandeln sie in Reservestoffe, die in dicken Speicherwurzeln gesammelt werden.

Im Grunde sind Spargelstangen gespeicherte Sonnenenergie. Die farnartigen, etwa 2 m hohen Triebe der Spargelpflanze fangen nämlich die Strahlung der Sonne auf und verwandeln diese mit Wasser und Nährstoffen des Bodens in Reservestoffe, die die Pflanze in einem mächtigen System dicker Speicherwurzeln sammelt.

Mit der beginnenden Bodenwärme im Frühjahr werden die in etwa 30 cm Bodentiefe liegenden Knospen der Pflanze zum Austrieb angeregt. So entstehen die Spargelstangen, auf die alle, die wissen, was gut ist, im zeitigen Frühjahr schon sehnsüchtig warten. Bei hoher Temperatur wachsen die Stangen mehrere Zentimeter am Tag. Deshalb muss in der Spargel-Hochsaison zweimal täglich geerntet werden.

Anbau, Ernte und Spargeltypen

Am bekanntesten und beliebtesten ist bei uns der Bleichspargel, der umso mehr geschätzt wird, je schneeweißer seine Stangen sind. Daneben gibt es auch noch den Grünspargel, der aber bei uns weniger bekannt und nachgefragt ist und somit auch seltener angebaut wird.

Spargelstangen sind die jungen Stengelsprosse der Spargelpflanze, einer bis zu 2 m hohen Krautpflanze, die am häufigsten in lockerem, sandigem Boden angebaut wird.

Die meisten Menschen halten Bleichspargel und Grünspargel für verschiedene „Sorten“ des Spargels. Das ist jedoch nicht ganz richtig; man spricht in diesem Zusammenhang nicht von Sorten, sondern von „Spargeltypen“. Mit der Sorte hat die Farbe des Spargels nämlich nur selten etwas zu tun, sondern vor allem mit dem Anbau- und Ernteverfahren. Das heißt: Von ein und derselben Spargelpflanze kann man sowohl Bleichspargel als auch Grünspargel ernten. Die Kultivierung und Ernte von Bleichspargel ist allerdings wesentlich aufwendiger und deshalb hat dieser Spargel auch einen höheren Preis.

Bleichspargelernte – eine Knochenarbeit

Die Bleichspargel-Stangen sind nur deshalb so weiß, weil peinlich genau darauf geachtet wird, dass sie vor der Ernte nicht mit dem Sonnenlicht in Berührung kommen. Denn bei Sonneneinstrahlung würden die Stengelsprosse sofort Chlorophyll bilden, das heißt, sie würden sich zuerst rötlich oder violett und schließlich grün färben. Deshalb müssen die Sprosse im Frühjahr mit beginnendem Trieb durch aufgeschüttete Erdwälle vor dem Sonnenlicht geschützt werden. Die Stangen werden dadurch auch dicker.

Chlorophyll ist der grüne Farbstoff, mit dessen Hilfe Pflanzen unter Sonnenlicht-Einwirkung aus dem Kohlendioxyd der Luft und dem Wasser, das sie dem Boden entziehen, Kohlenhydrate herstellen. Diesen Vorgang bezeichnet man als Photosynthese.

Doch nicht nur der Anbau, nein, auch die Ernte des Bleichspargels ist ungeheuer aufwendig. Das „Stechen“ des Spargels ist nämlich auch heute noch mühsame Handarbeit. Keine Maschine kann den Spargelstechern die Arbeit abnehmen, denn sie erfordert einen geschulten Blick und ungeheuer viel Fingerspitzengefühl.

Die Stecher müssen sich den Boden genau ansehen. Zeigen sich irgendwo feine Haarisse, so ist das ein Zeichen, dass eine Spargelstange kurz davor ist, sich durch den Boden durchzuschieben. Das ist genau der richtige Zeitpunkt für die Ernte; würde man jetzt noch länger warten, so würde der Kopf der Stange sich durch die Sonnenlichteinwirkung verfärben und genau das will man ja unter allen Umständen vermeiden.

Spargelstechen ist eine Knochenarbeit, die von Hand erfolgt und viel Fingerspitzengefühl erfordert.

Nun wird die Spargelstange von Hand freigegraben, das heißt, der Stecher hebt ein etwa 25 cm tiefes Loch an der Stange aus und sticht sie dann mit einem speziellen, sehr scharfen Messer ab. Auch dabei ist allergrößte Vorsicht geboten, denn nur allzu leicht kann man dabei benachbarte Stangen verletzen. Schon die geringste Verletzung bewirkt aber eine Verkrümmung der nachwachsen-

Spargelpflanze mit unterschiedlich ausgeprägten Stangen; die größte ist bereits „überreif". Sie hätte gestochen werden müssen, bevor sie ans Licht kam. Dabei muss man allerdings aufpassen, die anderen Stangen nicht zu verletzen.

den Stange und damit eine Qualitätsminderung. Anschließend muss das Loch sorgsam wieder mit Erde gefüllt werden, damit die nachwachsenden, noch nicht erntereifen Sprosse nicht mit dem Licht in Berührung kommen und sich verfärben.

Grünspargel – zu Unrecht bei uns weniger beliebt

Der grüne Spargel macht etwa zwei Drittel des weltweiten Angebots aus. Nur bei uns in Deutschland wird mehr Bleichspargel angebaut und gegessen.

Anbau und Ernte von Grünspargel sind wesentlich weniger aufwendig; denn bei diesem Spargeltyp wachsen die Sprosse über der Erde. Durch die Einwirkung des Sonnenlichts entsteht die leuchtend grüne Farbe. Das heißt, für diesen Spargel braucht man keine Dämme aufzuschütten und auch die Ernte ist viel einfacher: Man schneidet die Sprosse einfach direkt über dem Boden ab, sobald sie eine Länge von ungefähr 15 cm erreicht haben. Dadurch, dass der Druck des Bodens fehlt, bleiben die Stangen dünner. Man braucht deshalb mehr Stangen für ein Kilogramm als bei Bleichspargel.

In den meisten Ländern der Welt wird mehr Grün- als Bleichspargel gegessen; in manchen Regionen – beispielsweise in den USA – ist der weiße Spargel sogar so gut wie unbekannt. Nur Deutschland stellt in dieser Hinsicht eine Ausnahme dar: Schätzungen zufolge macht der Bleichspargel etwa 95 Prozent des Verbrauchs in unserem Land aus. Er gilt bei uns eben einfach als besonders wertvolles Gemüse.

Grünspargel ist vitaminreicher, herzhafter im Aroma und außerdem auch ein wenig billiger als Bleichspargel.

Warum? Weil es der Kunde so will! Aus der Sicht der Inhaltsstoffe lässt sich der besondere Wert des Bleichspargels nicht ableiten, nur aus der Tradition. Mehr Vitamine besitzt der Grünspargel – was eigentlich logisch ist, da durch die Einwirkung von Sonnenstrahlen die Bildung von Vitaminen in den Stangen massiv gefördert wird. So enthält Grünspargel beispielsweise doppelt so viel Vitamin C wie Bleichspargel und außerdem ein Mehrfaches an Betakarotin.

Grünspargel ist auch etwas preiswerter, da die Ernte weniger arbeitsaufwendig ist. Er ist kräftiger und herzhafter im Geschmack als sein weißer Bruder und hat

Bleichspargel (links), Grünspargel (Mitte) und violetter Spargel (rechts).

außerdem noch den Vorteil, dass man ihn nicht beziehungsweise nur am unteren Ende der Stange schälen muß. Trotzdem nimmt der Verbrauch in Deutschland nur langsam zu.

Seit einiger Zeit gibt es auch noch einen dritten Spargeltyp: den violetten Spargel, der den Pflanzenfarbstoff Anthocyan in höherer Konzentration enthält. Dieser violette Spargel, der bei uns nur in sehr kleinen Mengen angebaut oder aus Frankreich, Spanien und Griechenland importiert wird, schmeckt manchmal bitterer als der weiße.

Sehnsüchtig erwartet und leider viel zu schnell vorbei: die Spargelsaison

In Deutschland beginnt die Spargelsaison Mitte bis Ende April und endet traditionsgemäß Ende Juni. Aber das sind nur grobe Richtwerte, denn natürlich richtet sich der Erntebeginn nicht genau nach dem Kalender, sondern ist von der Witterung abhängig. Der Spargel treibt nämlich erst, wenn der Boden eine Temperatur von 16 Grad erreicht hat. Deshalb wird in Norddeutschland meistens erst zwei Wochen später mit dem Stechen begonnen als in Süddeutschland.

Eine Pause beim Spargelverzehr tut ganz gut, da dann mit der neuen Saison der Genuss noch einmal so hoch ist. Es ist wie mit der Ehe: Was man immer hat, wird oft nicht mehr richtig gewürdigt.

Etwa ein bis zwei Wochen früher beginnt die Saison, wenn der Spargel „verfrüht“, das heißt transparente Folie über die Dämme gespannt wird. Auf diese Weise wird die Sonnenenergie eingefangen und erwärmt den Boden schneller. Noch früher beginnt die Ernte im Gewächshaus.

Unabhängig vom Beginn der Ernte gilt der 24. Juni (Johannistag) als letzter Erntetermin. Danach lässt man die Spargelpflanzen „ins Kraut schießen“. Durch das Ab-

Am besten kauft man den Spargel direkt beim Erzeuger.

stechen der Triebe werden die Pflanzen ja an der Photosynthese (das heißt der Synthese von Kohlenhydraten unter Einwirkung des Sonnenlichts) gehindert, können also nicht die Baustoffe bilden, die für ihr weiteres Wachstum notwendig sind. Denn dafür brauchen sie Blätter, deren grüner Farbstoff Chlorophyll das Sonnenlicht absorbiert. Wenn man auch noch über den Johannistag hinaus Spargel ernten würde, so hätte das eine verminderte Triebbildung und damit auch einen niedrigeren Ertrag im nächsten Erntejahr zur Folge. Die Pflanzen könnten dann nicht genügend Reservestoffe bilden, die im Wurzelstock gespeichert werden.

Frische ist oberstes Gebot

Heutzutage ist man natürlich nicht mehr an eine bestimmte Saison gebunden, sondern kann Spargel – genau wie die meisten anderen Obst- und Gemüsesorten – das ganze Jahr über genießen. Ab Anfang März liegt der Importspargel aus Frankreich, Spanien und Italien, wo schon Ende Februar gestochen wird, in den Regalen unse-

Viele Spargelanbauer haben Spargelschälmaschinen und bieten dem Käufer das Gemüse gleich geschält an.

rer Lebensmittelläden; und im Herbst und Winter gibt es Importware aus Süd- und Mittelamerika oder Südafrika.

Aber es hat doch einen Sinn, sich an die Spargelsaison zu halten; denn gerade bei diesem edlen Gemüse ist Frische ganz besonders wichtig. Der Spargel aus den Mittelmeerländern oder gar aus Afrika und Amerika hat einen weiten Weg hinter sich und darunter leidet unweigerlich die Qualität.

Deutsche Anbauer bieten den Vorteil der kürzesten Wege zum Verbraucher. Strenge Qualitätsvorschriften der Erzeugerorganisationen gewährleisten zudem beste Qualität. Um das Image des deutschen Spargels noch zu verbessern, beschlossen die Erzeugerorganisationen am 20. Februar 1997, bereits ab Saison 1997 die Qualitätsvorschriften deutlich über die EG-Qualitätsnorm für Spargel anzuheben. Das heißt, die Käufer erhalten in der jeweiligen Qualitätsklasse bessere Stangen, als es die Vorschrift eigentlich verlangt.

Für deutsche Ware spricht auch die Tatsache, dass der Anbau zunehmend umweltschonender erfolgt. Leider wird die deutsche Herkunft nicht immer eindeutig kenntlich gemacht. Verpackungen mit Aufdrucken wie „nach deutschen Vorschriften" sind für den Verbraucher irreführend.

Am besten direkt beim Anbauer kaufen

Am köstlichsten ist der Spargel, der noch am Tag der Ernte verzehrt wird. Denn selbst bei optimalen Lagerbedingungen nimmt der Gehalt an geschmack- und wertgebenden Inhaltsstoffen rasch ab. Auch wenn die Stange von der Pflanze abgeschnitten wurde – sie lebt, verbraucht mit jeder Stunde Reservestoffe und verholzt weiter. Durch sofortige Kühlung nach der Ernte kann der Stoffwechsel des Spargels vermindert, doch nicht unterbunden werden.

Das wissen immer mehr Feinschmecker und kaufen deshalb die köstlichen Stangen bei einem Spargelanbauer in ihrer Nähe. Das hat übrigens noch einen weiteren Vorteil: Manche Anbauer verfügen über Spargelschälmaschinen und bieten dem Käufer den Spargel gleich geschält an, sodass man sich diese mühselige Arbeit ersparen kann.

Wo es in Ihrer Nähe Spargelanbauer gibt, können Sie bei den Erzeugerorganisationen erfragen (Adressen siehe Anhang).

Qualitätsstandards – leider oft nur reine Äußerlichkeiten

Bei den Standards für Spitzenqualität (Handelsklasse I) geht es hauptsächlich um das Aussehen (Form und Farbe) der Stangen; Angaben zum Alter des Gemüses, zu Inhaltsstoffen und Geschmack werden bis jetzt leider noch nicht gemacht. Neben Kennzeichnung der Qualitätsklasse ist lediglich die Angabe des Herkunftslandes Pflicht. Teilweise wird auch die Produktionsweise angegeben, also „bio-“, „umweltschonend kontrolliert“, usw. Diese Information allein gibt aber noch keine Garantie für eine besondere Qualität des Spargels. Bei jeder Anbauweise kann man hervorragende Qualität, aber auch minder gute Stangen produzieren. Im Handel wird diese Qualität durch unsachgerechte Lagerung häufig stark vermindert.

Spargelstangen der Handelsklasse I sind schneeweiß, gerade gewachsen, haben keine Furchen und einen geschlossenen Kopf.

Spitzenqualität von Bleichspargel für den deutschen Markt zeichnet sich durch folgende Merkmale aus:

Ein besonderer Genuss sind kürzere Spargelstangen, da der Gehalt an Inhaltsstoffen am Kopf am höchsten und die Verholzung dort am geringsten ist.

- ebenmäßig ausgebildete Stangen (Länge 17–20 cm), nicht hohl oder holzig, ohne Furchungen
- weiß, ohne Verfärbungen
- geschlossener Kopf (das heißt eng anliegende Schuppenblätter)
- keine dünnen oder berosteten, rissigen oder hohlen Stangen
- keine deformierten und zerbrochenen Stangen.

Stangen, die einen der oben genannten optischen Mängel aufweisen, gehören nicht in die Sortierungen der Spitzenqualitäten (Handelsklasse I). Die Anbauer sortieren häufig sehr streng. Spargelstangen niedrigerer Handelsklassen können dagegen durchaus leicht rosa verfärbt, weniger gut geformt und stärker gekrümmt sein.

Einige dieser Kriterien sind sicherlich ganz sinnvoll: So bieten ebenmäßig ausgebildete Stangen ohne allzu große Unterschiede in der Dicke die Möglichkeit des gleichmäßigen Garens beim Kochen; bei unterschiedlich dicken Stangen wird das schon schwieriger. Gerade Stangen sehen nicht nur schöner aus als gekrümmte, sondern sind auch praktischer, denn sie lassen sich zum Garen leichter mit Küchengarn zusammenschnüren oder in einen Siebeinsatz füllen.

Wenn ein Spargelkopf beim Erntedurchgang übersehen wurde und sich aus dem Boden schiebt, färbt er sich rosa. Das ist jedoch kein Zeichen minderer innerer Qualität, obwohl solche Stangen in eine niedrigere Handelsklasse eingestuft werden.

Spargelstangen mit stark „aufgeblühten“ Köpfen sind zwar im Geschmack keineswegs beeinträchtigt, doch Spargel mit eng anliegenden Schuppenblättern bleiben länger frisch, da die bakterielle Zersetzung vom Kopf (dem am wenigsten geschützten Teil der Stange) ausgeht und wesentlich rascher erfolgt, wenn der Kopf geöffnet ist. (Deshalb verdirbt Grünspargel, bei dem die Köpfe stets weiter geöffnet sind, auch leichter als der weiße. Auch die Wasserverluste sind bei Grünspargel höher, was sich im schnelleren Welken zeigt.)

Was die weiße Farbe angeht, so ist dies jedoch ein rein äußerliches Bewertungskriterium. Bei Spargelstangen, die nicht rechtzeitig geerntet wurden und durch die Erde durchbrechen, färben sich die Köpfe durch die Sonneneinstrahlung binnen kurzer Zeit rosa oder violett. Solche verfärbten Stangen werden in niedrigere Handelsklassen eingestuft, obwohl das Aroma und die Inhaltsstoffe durch diese Verfärbung keineswegs leiden.

Solche rosa Verfärbungen sind sogar ein untrügliches Qualitätsmerkmal.

So schnell wie möglich nach dem Stechen wird der Spargel gekühlt. Er wird mit Wasser abgespritzt, dann in die zahlreichen Qualitätsklassen sortiert. Anschließend wird der Spargel in Eiswasser gewässert. So kann die Temperatur auch im Inneren der Stange sehr schnell vermindert werden. Bleibt der Spargel jedoch zu lange im Wasser, so wird ein Teil der Vitamine und Mineralien und auch der geschmacksbildenden Inhaltsstoffe ausgeschwemmt. Er verliert also deutlich an Aroma und büßt einen Teil seiner gesundheitsfördernden Wirkung ein.

In ungünstigen Zeiten können über 80 % aller geernteten Stangen nicht qualitätsgerecht sein.

Trotzdem wird Spargel oftmals länger gewässert, vor allem, wenn lange Transportwege anstehen. Die Stangen bleiben dann weiß und verfärben sich unter dem Einfluss des Sonnenlichts nicht rosa. Nur ein Spargel mit vielen Inhaltsstoffen reagiert auf Lichteinwirkung mit Rotverfärbung. „Totgewässerter" Spargel bleibt weiß. Erfrorener Spargel wird glasig. Und am schlimmsten sind Stangen mit Schimmelbildung. Von deren Verzehr ist in jedem Fall abzuraten.

Woran man Frische und Qualität erkennt

Färben sich die Stangen rosa, so ist das also kein Makel, sondern ein Zeichen seines hohen Gehaltes an wertgebenden und geschmacksbildenden Bestandteilen.

Oft wird die Ware im Handel sehr schlecht gepflegt. Dann sollte auch nicht mehr der Preis für 1 a-Qualität gezahlt werden.

Wenn solche Stangen noch knackig frisch sind, haben sie die beste Qualität, was leider viel zu wenig bekannt ist. Alle Stangen, die sich leicht biegen lassen, haben dagegen Wasser verloren – unabhängig von der Farbe. Eine frische Stange zerbricht sehr schnell, vor allem, wenn sie gerade aus dem Kühlschrank genommen wurde.

Leider ist Frische nicht ohne weiteres erkennbar, denn längere Zeit unter besten Bedingungen gelagerter und transportierter Spargel sieht genauso aus wie erst kürzlich geernteter. Einen „Frischetest“ gibt es zum Glück aber doch.

Vorsicht vor gummiartig biegsamen Stangen mit verhärteter Schnittstelle: Sie wurden zu lange bei zu wenig Luftfeuchtigkeit gelagert.

Achten Sie beim Kauf vor allem auf die Schnittflächen. Sie dürfen weder geschrumpft noch verhärtet sein, sondern glatt und leicht glänzend. Wenn man sie zwischen zwei Finger nimmt und leicht drückt, muss ein leises Knacken zu hören sein, und es muss etwas Saft herausquellen, der angenehm duftet. Er darf nicht säuerlich riechen: Manche Händler „mogeln“ nämlich und schneiden bei zu lange gelagertem Spargel die Schnittenden nach, damit sie schön frisch aussehen. Solchen Spargel erkennt man jedoch an seinem säuerlichen Geruch.

Richtig aufbewahren und zubereiten

Auch nach dem Kauf muss man dem Spargel Aufmerksamkeit widmen. Das Gemüse sollte in der Kühltasche nach Hause transportiert und bis zur Zubereitung, in ein feuchtes Tuch eingeschlagen, im Gemüsefach des Kühlschranks gelagert werden (nicht in Papier einwickeln – das entzieht dem Spargel das Wasser!). Zwar geht der Verholzungsprozess auch bei dieser kühlen und lichtgeschützten Aufbewahrung immer noch weiter, aber er wird doch zumindest verlangsamt.

Wer auch außerhalb der Spargelsaison nicht auf den Genuss dieses Gemüses verzichten möchte, kann den Spargel auch einfrieren. Das empfiehlt sich aber nur bei absolut erntefrischem Spargel. Qualitativ minderwertiger Spargel – zum Beispiel Stangen mit „Rostflecken" – sollte nicht eingefroren werden. Man wäscht und schält den Spargel sofort nach dem Einkauf und friert ihn in Gefrierbeuteln oder -dosen bei einer Temperatur von – 20 Grad in der Tiefkühltruhe ein. Viele Leute machen den Fehler, ihn vorher zu blanchieren; dabei gehen jedoch wertvolle Vitamine und auch ein Teil des Aromas verloren.

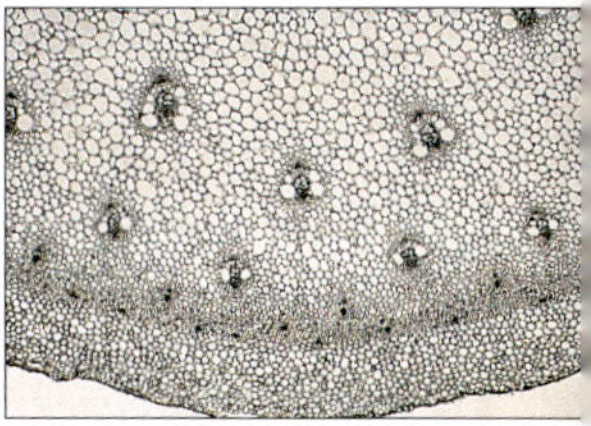

Querschnitt durch eine Spargelstange mit Verholzung der Leitgefäße. Auch nach der Ernte geht der Verholzungsprozeß noch weiter; doch wenn man den Spargel in ein feuchtes Tuch einschlägt und im Kühlschrank aufbewahrt, kann man ihn wenigstens verlangsamen.

Eingefrorener Spargel hält sich etwa sechs Monate lang; das heißt, man kann mit diesem Vorrat die „spargellose" Zeit schon ganz gut überbrücken. Natürlich schmeckt er nicht so gut wie frischer Spargel. Nach der Entnahme aus der Tiefkühltruhe darf man die Stangen nicht auftauen (dadurch werden sie leicht „schlapp"), sondern man gibt sie gleich in köchelndes Wasser und gart sie. Die Kochzeit ist kürzer als bei frischem Spargel.

Beim Schälen lieber nicht zu sparsam sein!

Man muss jeden Spargel vor dem Schälen waschen, da die Köpfe nicht geschält werden. Auch wenn Bleichspargel gleich nach der Ernte vom Anbauer gewaschen wird, muss man dies vor der Zubereitung noch einmal tun – auch wenn er gründlich geschält wird. Noch wichtiger ist das Waschen, wenn man den Spargel direkt vom Acker kauft und noch Sand- oder Erdreste daran haften. (Aber bitte nur unter fließendem kaltem Wasser waschen – die Stangen dürfen nicht ins Wasser gelegt werden. Zu vermeiden ist auch das Waschen *nach* dem Schälen, da sonst wertvolle Inhaltsstoffe verloren gehen.) Beim Grünspar-

So schälen Sie den Spargel:
1. Den Spargel zuerst unter fließendem Wasser waschen und abtropfen lassen.
2. Mit einem Schälmesser oder Spezialschäler die Spargelstangen schälen: Unterhalb der Köpfchen beginnen und zum Ende hin etwas dicker schälen. Bei grünem Spargel nur das untere Drittel schälen.
3. Harte Spargelenden abschneiden.
4. Stangen mit Küchengarn zu Bündeln von 8–10 Stangen zusammenbinden.

gel sitzen in den geöffneten Köpfen oft noch Reste von Sand oder Ackererde; daher muss er besonders gründlich gewaschen (am besten abgebraust, notfalls auch abgebürstet) werden.

Wichtig ist es, den Spargel schon einige Minuten vor dem Schälen aus dem Kühlschrank zu holen; die Stangen brauchen ein wenig Zeit, um sich an die Raumtemperatur anzupassen, sonst zerbrechen sie leicht.

Auch hinsichtlich des Schälens unterscheiden sich Bleich- und Grünspargel: Bleichspargelstangen müssen geschält werden, und zwar von oben nach unten. Dazu nimmt man eine Stange nach der anderen in die Hand und fasst den Kopf zwischen Daumen und Zeigefinger; das Stangenende liegt am Handgelenk auf. Mit einem Spargelschäler setzt man 1 bis 2 cm unterhalb des Kopfes an und schält oben dünn, nach unten zu immer dicker.

Die holzigen Enden sollte man großzügig abschneiden und auch alle holzigen, unansehnlichen Stellen entfernen; wer beim Schälen zu sehr spart, ärgert sich hinterher beim Essen.

Wenn man größere Mengen schält, schlägt man die bereits geschälten Stangen in ein feuchtes Tuch ein, damit sie nicht austrocknen. (Auf keinen Fall in Wasser legen!)

Beim Grünspargel dagegen wird nur das untere Drittel des Fasermantels abgeschält. Wenn die Schale dünn ist, braucht er gar nicht geschält zu werden.

Die Spargelschalen sind zu schade zum Wegwerfen; man wäscht sie und verwendet sie hinterher – ebenso wie die abgeschnittenen Spargelenden – zum Kochen einer wohlschmeckenden Brühe. Dazu werden sie zehn bis 15 Minuten lang ausgekocht; dann gibt man sie in ein Haarsieb und drückt die restliche Flüssigkeit mit dem Kochlöffel heraus. Spargelbrühe ist eine sehr leckere, appetitanregende Vorspeise; auch als Grundlage für verschiedene Suppen kann man sie verwenden.

Wie man Spargel zubereitet

Stellt der Spargel die Hauptspeise dar – also beispielsweise bei dem klassischen Spargelgericht, zu dem nur noch flüssige Butter oder Sauce und neue Kartoffeln gereicht werden –, rechnet man pro Portion ungefähr 500 g, bei Spargel als Beilage entsprechend weniger.

Eine Portion entspricht ungefähr 8–10 Stangen.

Zum Kochen von Spargel eignen sich Keramik-, Email- oder Edelstahltöpfe; ein Aluminiumtopf ist nicht zu empfehlen, da das Aluminiumoxyd während des Kochens eine chemische Reaktion mit den Inhaltsstoffen des Spargels eingeht, die bewirkt, dass die Stangen sich grau verfärben.

Die garen Spargelstangen biegen sich leicht, wenn man sie aus dem Topf herausnimmt. Es gibt mehrere Möglichkeiten, dies zu verhindern: Entweder man

Spargel kann man senkrecht stehend in einem Spargeltopf (Abb. oben) garen. Die Spitzen dürfen nicht vom Wasser bedeckt sein; sie müssen im Dampf garen. Man kann aber auch einen länglichen Topf verwenden, in dem man die Spargel, von Wasser bedeckt gart.

schnürt die Stangen im oberen und unteren Drittel mit Küchengarn zu einem Bündel zusammen, das man mit einem Schaumlöffel ins kochende Wasser gibt. Sobald der Spargel gar ist, hebt man ihn mit dem Schaumlöffel vorsichtig wieder heraus und entfernt die Fäden.

Praktischer sind die im Handel erhältlichen speziellen Spargelkochtöpfe mit Siebeinsatz. Die zarten Spargelköpfe sind besonders empfindlich und brechen beim Garen leicht ab. Wenn man die Stangen stehend in einem hohen, schmalen Spargeltopf mit Siebeinsatz gart, passiert das nicht; nach dem Garen hebt man sie einfach mitsamt dem Einsatz aus dem Wasser. Es gibt aber auch flache, längliche Spargeltöpfe mit entsprechendem Siebeinsatz, in dem die Stangen liegend gegart werden.

Es ist schwierig, eine genaue Garzeit anzugeben, da diese natürlich von der Dicke der Stangen abhängt. Normalerweise rechnet man bei Bleichspargel acht bis 15 Minuten. (Bei grünem Spargel genügen meist schon acht bis zehn Minuten.) Das Wasser darf nicht zu heftig sieden, da die empfindlichen Köpfchen sonst Schaden nehmen können; am besten gart man den Spargel bei mittlerer Hitze in leicht sprudelndem Wasser. Zur Geschmacksverfeinerung gibt man außer Salz noch eine Prise Zucker und ein Stückchen Butter ins Kochwasser.

Grundsätzlich gilt: Spargel sollte nicht „al dente", sondern weich gekocht werden – aber auch nicht zu weich, sonst wird er matschig und verliert sein Aroma. Er ist gar, wenn man die Stangen am unteren Ende mit der Gabel leicht anstechen kann. Dann nimmt man sie aus dem Topf und läßt sie gut abtropfen.

Warmen Spargel sollte man stets auf einem vorgewärmten Teller oder einer vorgewärmten Platte servieren, da er rasch abkühlt (und warm am besten schmeckt).

Am empfehlenswertesten ist eine Spargelplatte mit gerippter Oberfläche: Durch die feinen Rillen kann überschüssiges Wasser gut ablaufen.

Besonders aromatisch schmeckt der Spargel, wenn man ihn mit Dampf gart. Für diese schonende Garmethode, bei der Geschmack und Inhaltsstoffe weitgehend erhalten bleiben, eignet sich am besten ein Kochtopf mit Siebeinsatz. Man darf unten nur so wenig Wasser einfüllen, dass der Siebeinsatz mit dem Spargel nicht mit dem Kochwasser in Berührung kommt. Dann gart man den Spargel bei schwacher Hitze, kontrolliert zwischendurch den Wasserstand und gießt notfalls noch ein wenig heißes Wasser nach.

Grünspargel hat eine etwas kürzere Garzeit als Bleichspargel. Wenn man beide Spargeltypen in einem Gericht kombiniert, sollte man den Grünspargel daher erst etwas später ins Kochwasser geben. Der weiße Spargel kann sich dadurch jedoch etwas einfärben.

Die besten Spargelrezepte

Spargel ist nicht nur ein edles, schmackhaftes Gemüse, sondern dazu noch äußerst kalorienarm und reich an Mineralstoffen sowie Vitaminen. Daher eignet es sich hervorragend für eine ausgewogene, abwechslungsreiche Diät. Im Folgenden stellen wir Ihnen eine Fülle gesunder Rezepte vor, bei denen die Pfunde purzeln, ohne dass Sie ständig hungrig sein müssen.

Spargel ist ein so vielseitiges Gemüse, weil man ihn zu fast allen Lebensmitteln kombinieren kann. Dadurch wird die Spargelzeit ganz und gar nicht eintönig – sondern im Gegenteil äußerst abwechslungsreich!

Der Hauptanteil der täglichen Energie sollte in Form von Kohlenhydraten aufgenommen werden, das heißt als Gemüse (z. B. Spargel) kombiniert mit Kartoffeln, Getreide oder Obst. Nach diesem Prinzip sind auch die Rezepte in diesem Kapitel zusammengestellt. Die meisten Gerichte sind fleischfrei bzw. enthalten nur kleine Fleischportionen. Die pflanzlichen Lebensmittel werden also von den tierischen Lebensmitteln (Fett- und Eiweißlieferanten) ergänzt – nicht umgekehrt! Wer dies bei seiner täglichen Lebensmittelauswahl beachtet, muss auch kein schlechtes Gewissen haben, wenn er ab und zu einmal eine richtige Schlemmermahlzeit einlegt. Gelegentliche Ausrutscher kann der Körper ausgleichen.

Wenn nicht anders angegeben, sind die Rezepte in diesem Kapitel immer für 4 Personen berechnet. Für jedes Rezept wurde eine Nährwertberechnung durchgeführt! Die Nährwertangaben sind pro Person berechnet.

Angaben zu Backzeit und -temperatur beziehen sich auf Elektrobacköfen mit Ober- und Unterhitze. In Heißluft- und Gasbacköfen verändern sich Backzeit und -temperatur. Dazu die Angaben des Geräteherstellers beachten!

Folgende Werte sind angegeben:

kcal: Die Kilokalorien geben den Energiegehalt an (1 kcal ≙ ca. 4,2 kJ)

EW: Eiweiß ist ein wichtiger Nährstoff für den Körper. Eine zu hohe Eiweißzufuhr allerdings belastet den

Körper, vor allem die Nieren. Maximal 15 % der Energie sollte deshalb in Form von Eiweiß aufgenommen werden, das heißt 80–100 g pro Tag. Eiweißlieferanten sind z. B. Fleisch, Fisch, Milchprodukte, Eier, Getreide und Hülsenfrüchte. 1 g EW ≙ ca. 4 kcal.

F: Fett liefert von allen Nährstoffen am meisten Energie. Nur 25–30 % der Energie sollte in Form von Fett zugeführt werden, das entspricht einer Menge von 60–80 g. Es wird empfohlen, nur zwei- bis dreimal pro Woche ca. 100–150 g Wurst und Fleisch zu verzehren und mit Koch- und Streichfetten sparsam umzugehen. 1 g Fett ≙ ca. 9 kcal.

Abkürzungen
EL = Esslöffel
(ca. 15 ml bzw. g)
TL = Teelöffel
(ca. 5 ml bzw. g)
Msp. = Messerspitze
ml = Milliliter
l = Liter
g = Gramm
kg = Kilogramm

KH: Der Hauptanteil der Energie (55–60 %) sollte in Form von Kohlenhydraten aufgenommen werden, das entspricht ca. 300–400 g pro Tag. Ideal sind Stärke- und Ballaststofflieferanten wie Vollkornprodukte, Kartoffeln, Gemüse und Obst. 1 g KH ≙ ca. 4 kcal.

Ba: Ballaststoffe gehören zur Gruppe der Kohlenhydrate. Diese unverdaulichen Pflanzenfasern erhöhen das Sättigungsgefühl, regulieren die Verdauung und können erhöhte Cholesterinwerte senken. Empfohlen wird eine Zufuhr von 30–40 g pro Tag, am besten in Form von Vollkornprodukten, Gemüse und Obst.

Chol: Cholesterin ist ein Fettbegleitstoff und deshalb in fast allen tierischen Lebensmitteln zu finden. In pflanzlichen Lebensmitteln ist Cholesterin allerdings nur in unwesentlichen Spuren vorhanden. Eine Cholesterinaufnahme bis zu 300 mg pro Tag wird als unbedenklich bewertet.

Zur besseren Beurteilung der Rezepte und als Orientierungshilfe bei der Rezeptauswahl sind die einzelnen Rezepte teilweise mit folgenden Begriffen genauer beschrieben:

- *kalorienarm*
- *cholesterinarm*
- *ballaststoffreich*
- *raffiniert*
- *schnell.*

Spargelsuppen ▶

Klare Suppe mit Frühlingsgemüse und weißem Spargel

kalorienarm
cholesterinarm

Zutaten

500 g weißer Spargel
1 EL Öl
2 Frühlingszwiebeln (ca. 50 g)
1 l Gemüsebrühe
1 Prise Salz
1 Prise Zucker
Pfeffer
200 g frische grüne Erbsen
1 EL Schnittlauch, fein geschnitten

- Spargel schälen und in 2–3 cm lange Stücke schneiden.
- Frühlingszwiebel-Grün fein schneiden und beiseite stellen. Frühlingszwiebeln fein hacken und in Öl glasig dünsten. Spargelstücke zugeben und 5 Minuten mitdünsten. Mit der Gemüsebrühe ablöschen und mit Salz, Zucker und etwas Pfeffer würzen. Bei schwacher Hitze ca. 20 Minuten garen. 2–3 Minuten vor Garende die grünen Erbsen zugeben.
- Spargelsuppe mit dem Frühlingszwiebel-Grün und dem gehackten Schnittlauch bestreuen.

110 kcal, 6 g EW, 3 g F, 11 g KH, 0 mg Chol, 5 g Ba

◀ ***Spargelsuppe läßt sich gebunden oder als Consommé kochen.***

Feine Spargelcremesuppe

kalorienarm
cholesterinarm

Zutaten
800 g weißer Spargel
1 Prise Salz
1 Prise Zucker
1 EL Zitronensaft
100–200 ml Spargelsud
ca. 50 g Crème fraîche (30 % Fett i. Tr.)
Pfeffer
Muskatnuss
1 EL Petersilie, fein geschnitten

- Spargel schälen und in kochendem Salzwasser mit etwas Zucker ca. 20 Minuten gar kochen. Gut abtropfen lassen. Spargelspitzen abschneiden und beiseite legen.
- Restlichen Spargel klein schneiden und mit dem Zitronensaft und dem Spargelsud pürieren. Spargelpüree durch ein Haarsieb streichen.
- Spargelpüree im Topf erhitzen, Crème fraîche unterrühren und mit Salz, Pfeffer und Muskatnuss abschmecken.
- Spargelcremesuppe mit Spargelspitzen und Petersilie garnieren.

92 kcal, 5 g EW, 4 g F, 7 g KH, 11 mg Chol, 3 g Ba

Spargelsuppe mit Champignon-Klößchen

raffiniert

Zutaten:
600 g weißer Spargel
1 Prise Salz und Zucker
$^1/_2$ l Gemüsebrühe
2 EL Butter (ca. 30 g)
150 g Champignons
2 Eier
2 EL Maisstärke
80 g Vollkornsemmelbrösel
2 EL Petersilie, fein gehackt

- Spargel schälen und in kochendem Salzwasser mit etwas Zucker ca. 15 Minuten bissfest garen. Anschließend in ca. 3 cm lange Stücke schneiden und beiseite stellen.
- Champignons fein hacken und in der heißen Butter gar dünsten. Die abgekühlten Pilze mit den Eiern, der Maisstärke und den Semmelbröseln zu einem festen Teig verkneten. Klößchenteig ca. 30 Minuten ruhen lassen.
- Teig zu kleinen Klößen formen und diese dann in kochendem Salzwasser ca. 5–10 Minuten gar ziehen lassen.
- Gemüsebrühe in einem Topf erhitzen, Spargelstücke und Pilzklößchen zugeben und mit der gehackten Petersilie bestreuen.

299 kcal, 14 g EW, 13 g F, 26 g KH, 137 mg Chol, 4 g Ba

Grüne Spargelsuppe auf italienische Art

cholesterinarm

500 g grüner Spargel
1 Prise Salz
1 Prise Zucker
2 EL Butter (ca. 30 g)
4 Scheiben Weißbrot
100 g Parmesan, frisch gerieben
$^1/_2$ l Gemüsebrühe
$^1/_2$ l Spargelsud
50 ml Weißwein
2 EL Schnittlauch, fein geschnitten

- Spargel schälen und in kochendem Salzwasser mit etwas Zucker ca. 8–10 Minuten bissfest garen. Spargelstangen in 2–3 cm lange Stücke schneiden und beiseite stellen.
- Weißbrotscheiben in Butter von beiden Seiten goldbraun anrösten, in tiefe Teller legen und mit geriebenem Parmesankäse bestreuen. Die Spargelstücke ebenfalls zugeben.
- Gemüsebrühe, Spargelsud und Weißwein aufkochen, über die Spargelstücke gießen und mit geschnittenem Schnittlauch bestreuen.

273 kcal, 14 g EW, 12 g F, 21 g KH, 30 mg Chol, 3 g Ba

Kalte grüne Spargelsuppe mit Sahneklößchen

raffiniert

800 g grüner Spargel
1 Prise Salz
1 Prise Zucker
1 EL Zitronensaft
100–200 ml Spargelsud
200 ml Sahne (30 % Fett i. Tr.)
Pfeffer
Muskatnuss
1 EL Kerbel, fein geschnitten

- Spargel schälen und in kochendem Salzwasser mit etwas Zucker ca. 15 Minuten sehr weich garen. Gut abtropfen lassen. Spargelspitzen abschneiden und beiseite legen.
- Restlichen Spargel klein schneiden und mit dem Zitronensaft und dem Spargelsud im Mixer oder mit dem Pürierstab pürieren. Spargelpüree durch ein Haarsieb streichen.
- Spargelpüree mit Salz, Pfeffer und Muskatnuss abschmecken und ca. 50 ml Sahne unterrühren.
- Restliche Sahne sehr steif schlagen und mit Salz und Pfeffer würzen. Mit Hilfe von 2 Teelöffeln kleine Sahneklößchen abstechen.
- Die Spargelcremesuppe mit Spargelspitzen, Sahneklößchen und Kerbel garnieren und kalt servieren.

211 kcal, 5 g EW, 16 g F, 8 g KH, 54 mg Chol, 3 g Ba

Vorspeisen mit Spargel ▶

Quiche mit grünem und weißem Spargel

raffiniert

Zutaten
250 g grüner Spargel
250 g weißer Spargel
1 Prise Salz
1 Prise Zucker

Zutaten für den Teig:
350 g Vollkornmehl
1 TL Salz
120 g Butter
200 ml Wasser

Zutaten für den Guss:
2 Eier (je ca. 60 g)
100 ml Sahne (30 % Fett i. Tr.)
150 ml Milch (3,5 % Fett i. Tr.)
75 g Kräuterfrischkäse
1/2 Bund Basilikum
1/2 Bund Schnittlauch
Pfeffer

- Spargel schälen. Den weißen Spargel in kochendem Salzwasser mit etwas Zucker ca. 15 Minuten bissfest garen, den grünen Spargel nur die letzten 10 Minuten mitkochen. Gut abtropfen lassen.

◀ ***Spargel mit Oliven und einer leckeren Ei-Sauce***

- Für den Teig Butter mit Wasser aufkochen. Mehl mit Salz vermischen, in die Mitte eine Mulde drücken, die Flüssigkeit hineingießen und das Mehl nach und nach einarbeiten. Teig gut durchkneten und mindestens eine halbe Stunde ruhen lassen.
- Eier, Sahne, Milch und Kräuterfrischkäse mit dem Rührgerät oder Pürierstab verquirlen. Mit Pfeffer und Salz würzen und die fein geschnittenen Kräuter unterrühren.
- Springform (Durchmesser 26 cm) leicht einfetten. Den Teig vorsichtig ausrollen, die Form damit auslegen und den Teigboden mehrmals mit einer Gabel einstechen.
- Die Spargelstangen kürzen und sternförmig (Spitze zur Mitte) in die Form legen. Zwischenräume mit Spargelstücken ausfüllen und die Quiche mit der Kräutersahne übergießen. Im vorgeheizten Backofen bei 200 °C ca. 30 Minuten backen.

253 kcal, 8 g EW, 13 g F, 20 g KH, 73 mg Chol, 4 g Ba

Spargel in Blätterteigtaschen und Parmesansauce

raffiniert

Zutaten

300 g grüner Spargel
300 g weißer Spargel
1 Prise Salz
1 Prise Zucker
400 g (Vollkorn-)Blätterteig, in Scheiben
100 g Kräuterfrischkäse
100 g gekochter Schinken, in Scheiben
1 Eigelb
1 EL Milch (3,5 % Fett i. Tr.)
1 EL gehackte Petersilie

Zutaten für die Parmesansauce:

100 ml süße Sahne (30 % Fett i. Tr.)
100 g Crème fraîche (30 % Fett i. Tr.)
2–3 EL Parmesankäse, gerieben (ca. 30–40 g)
Salz
Pfeffer
Muskatnuss

- Spargel schälen. Den weißen Spargel in kochendem Salzwasser mit etwas Zucker ca. 15 Minuten garen, den grünen Spargel nur die letzten 10 Minuten mitkochen. Gut abtropfen lassen.
- Blätterteig auftauen. Jede Scheibe quadratisch zu doppelter Größe ausrollen, anschließend in der Mitte mit einem Teigrädchen (mit Wellenrand) teilen.

- Jedes Teigrechteck mit Kräuterfrischkäse bestreichen, eine Scheibe Schinken darauf legen und 3–4 Spargelstangen in die Mitte legen. Blätterteig so um den Spargel wickeln, dass oben und unten Spargel hervorschaut. Teig gut andrücken.
- Eigelb mit Milch verquirlen und die Blätterteigtaschen damit bestreichen. Spargelstücke, die oben und unten herausschauen, ebenfalls mit der Eiermilch bestreichen.
- Ein Backblech mit kaltem Wasser benetzen, die Blätterteigtaschen darauf setzen und im vorgeheizten Backofen bei 180 °C ca. 20–25 Minuten backen. Mit der gehackten Petersilie dekorieren.
- Für die Parmesansauce Crème fraîche mit der Sahne verrühren und in einem Topf 10–15 Minuten leicht einkochen lassen. Parmesan zugeben und schmelzen lassen. Mit Salz, Pfeffer und Muskatnuss abschmecken.

Tipp: *Die Blätterteigtaschen mit Spargel eignen sich sehr gut als Vorspeise. Mit Kartoffeln und Parmesansauce können sie jedoch auch als kleine Mahlzeit serviert werden.*

559 kcal, 16 g EW, 40 g F, 26 g KH, 213 mg Chol, 2 g Ba

Stangenspargel an Lachs-Avocado-Crème

schnell

Zutaten

500 g weißer Stangenspargel
1 Prise Salz
1 Prise Zucker
1 TL Butter (5 g)
200 g geräucherter Lachs
1 Avocado (ca. 150 g)
200 g Joghurt (3,5 % Fett i. Tr.)
100 g Crème fraîche (30 % Fett i. Tr.)
weißer Pfeffer
1–2 EL Zitronensaft
1 EL Dill, fein geschnitten
1 EL Schnittlauch, fein geschnitten

- Spargel schälen und in kochendem Salzwasser mit etwas Zucker und Butter ca. 15 Minuten bissfest garen.
- Den geräucherten Lachs in feine Würfel schneiden. Die Avocado halbieren, schälen und den Kern herauslösen. Die eine Hälfte ebenfalls in feine Würfel schneiden. Die andere Hälfte mit der Gabel zerdrücken oder pürieren.
- Das Avocadopüree mit Joghurt, Crème fraîche und Zitronensaft verrühren. Die geschnittenen Kräuter sowie die Lachs- und Avocadowürfel untermischen und mit Salz und Pfeffer abschmecken.
- Jeweils 3–4 Spargelstangen auf einen Teller legen und die Lachs-Avocado-Crème darüber geben.

378 kcal, 20 g EW, 26 g F, 9 g KH, 48 mg Chol, 3 g Ba

Kartoffeltaschen mit Spargel-Schinken-Füllung

raffiniert

Zutaten:

800 g weißer Spargel
1 Prise Salz und Zucker
800 g Kartoffeln (mehlig kochend)
2 Eier (à 60 g)
80 g Vollkornmehl
Salz und Pfeffer
1–2 EL Milch (3,5 % Fett i. Tr.)
100 g gekochter Schinken
3 EL Öl oder Butterschmalz zum Braten
3 EL Schnittlauch, fein gehackt

- Spargel 15 Minuten bissfest garen. Gut abtropfen lassen und in 5 cm lange Stücke schneiden.
- Kartoffeln kochen, pellen und durch eine Kartoffelpresse drücken. In einer Schüssel mit Eiern, Vollkornmehl, Salz, Pfeffer und Muskat zu einem geschmeidigen Teig verkneten. Teig anschließend 15 Minuten ruhen lassen.
- Den Teig auf einem bemehlten Brett 1 cm dick ausrollen und in 8 Rechtecke schneiden. Spargelstücke und fein gewürfelten Schinken auf den Rechtecken gleichmäßig verteilen. Rechtecke übereinander schlagen und die Ränder gut festdrücken.
- Die Kartoffeltaschen auf beiden Seiten goldgelb braten. Mit fein gehacktem Schnittlauch bestreuen.

260 kcal, 12 g EW, 9 g F, 27 g KH, 70 mg Chol, 5 g Ba

Spargelpizza mit Frühlingsgemüse

raffiniert

Zutaten für den Teig:
300 g Vollkornmehl
20 g Hefe
200 ml lauwarmes Wasser
$^1/_2$ TL Zucker
1 TL Salz
3 EL Olivenöl

Zutaten für den Belag:
300 g neue Kartoffeln, gekocht
200 g Möhren
200 g grüner Spargel
200 g Tomaten
200 ml Sahne (30 % Fett i. Tr.)
100 ml Milch (3,5 % Fett i. Tr.)
100 g Hüttenkäse
2 Eier (à ca. 60 g)
Pfeffer
1 EL Schnittlauch

- In das Mehl eine Mulde drücken. Hefe zerbröckeln, mit etwas Wasser und Zucker unter Rühren auflösen und in die Vertiefung gießen. Salz, Öl und restliches Wasser zugeben und zu einem glatten Teig verkneten. Zugedeckt an einem warmen Ort ca. 1 Stunde gehen lassen.

- Für den Belag Kartoffeln schälen und in Scheiben schneiden. Möhren kurz blanchieren. Spargel schälen und in kochendem Salzwasser ebenfalls kurz blanchieren. Möhren und Spargel in kleine Stücke schneiden, die Tomaten in feine Würfel.
- Teig kräftig durchkneten, auf leicht gefettetem Backblech dünn ausrollen und einen kleinen Rand formen. Den Teig mit den Kartoffelscheiben belegen und Möhren, Spargel und Tomaten darauf verteilen.
- Sahne, Milch, Hüttenkäse und Eier verrühren und mit Salz und Pfeffer würzen. Schnittlauch unterrühren. Die Eiermilch über die Pizza gießen und im vorgeheizten Backofen bei 200 °C ca. 25 Minuten backen.

264 kcal, 9 g EW, 11 g F, 26 g KH, 58 mg Chol, 4 g Ba

Pastetchen mit Spargelragout-Füllung

raffiniert
kalorienarm

Zutaten für 20 Pastetchen:
250 g grüner Spargel
1 Prise Salz und Zucker
400 ml Gemüsebrühe, 100 ml Weißwein
1 TL Butter (5 g)
1 Gemüsezwiebel (ca. 50 g)
150 g Champignons
40 g Butter
40 g Vollkornmehl
weißer Pfeffer
2 EL Petersilie, fein geschnitten
20 kleine Pastetchen

- Spargel schälen, in 2–3 cm lange Stücke schneiden und in kochendem Salzwasser mit etwas Zucker 15 Minuten garen. Gut abtropfen lassen.
- Gemüsezwiebel fein hacken, die Champignons in Scheiben schneiden und in Butter andünsten. Mit der Gemüsebrühe und dem Wein ablöschen und etwas einkochen. Durch ein Haarsieb streichen und die Champignon-Zwiebel-Mischung beiseite stellen.
- In einem Topf Butter schmelzen, bei kleiner Flamme Mehl anschwitzen, Sauce zugießen und etwas einkochen. Spargelstückchen und Champignon-Zwiebel-Mischung unterrühren, mit Salz und Pfeffer abschmecken. Petersilie untermischen.
- Pastetchen im Herd aufbacken und mit Ragout füllen.

185 kcal, 2 g EW, 13 g F, 12 g KH, 50 mg Chol, 1 g Ba

Spargelstrudel

raffiniert

Zutaten für den Teig:
220 g Vollkornmehl
5 EL Öl, kalt gepresst
$^1/_2$ TL Salz
125 ml Wasser

Zutaten für die Füllung:
800 g grüner Spargel
400 g weißer Spargel
1 Prise Salz
1 Prise Zucker
100 g Quark (20 % Fett i. Tr.)
3 TL Maisstärke
2 EL Vollkornmehl
4 Eigelb
Salz
Pfeffer
4 EL Paniermehl
30 g Butter, flüssig

Zutaten für die Sauce:
200 ml Sauce hollandaise (z.B. Fertigsauce von Thomy)
2 EL gehackte Kräuter (Petersilie, Schnittlauch usw.)

- Für den Strudelteig das Mehl in eine Schüssel geben. Das Salz im Wasser auflösen und zusammen mit dem Öl zum Mehl geben. Dann alles zu einem glatten, geschmeidigen Teig verkneten. Zugedeckt ca. 30 Minuten ruhen lassen.

- Für die Füllung den Spargel schälen. Die Spargelspitzen abschneiden und in kochendem Salzwasser mit etwas Zucker ca. 10 Minuten bissfest garen. Die Spargelstangen in kleine Stücke schneiden und ca. 20 Minuten sehr weich kochen.
- Spargelspitzen beiseite legen. Restliche Spargelstücke im Mixer oder mit dem Pürierstab fein pürieren. Das Spargelpüree in eine Schüssel geben, etwas erkalten lassen und den Quark, die Maisstärke, das Mehl und die Eigelbe untermischen. Gut verrühren und mit Salz und Pfeffer würzen. Im Kühlschrank vollständig abkühlen lassen.
- Strudelteig dünn ausrollen und auf ein großes Küchentuch auslegen. Die Teigfläche (ca. 60 x 50 cm) mit dem Paniermehl bestreuen und auf zwei Dritteln der Fläche die Spargelfüllung ausstreichen. Die gut abgetropften Spargelspitzen auf der Spargelfüllung verteilen.

Spargelstrudel zu einem Glas Weißwein eignet sich auch hervorragend als kleiner Snack.

- Durch leichtes Anheben des Tuches den Teig nun vorsichtig einrollen. Das letzte Drittel des Teiges mit etwas flüssiger Butter bestreichen und den Strudel ganz einrollen.
- Ein Backblech mit einer Folie auslegen, den Strudel darauf legen und mit flüssiger Butter bestreichen. Bei 180 °C im vorgeheizten Backofen ca. 50–60 Minuten backen. Öfters mit der restlichen Butter bestreichen.
- Sauce hollandaise zubereiten und mit frischen Kräutern zum Strudel servieren.

315 kcal, 9 g EW, 19 g F, 22 g KH, 231 mg Chol, 4 g Ba

Spargeltarte

kalorienarm

Zutaten:

250 g grüner Spargel
250 g weißer Spargel
1 Prise Salz und Zucker
1 TL Butter (ca. 5 g)
100 g gekochter Schinken, in dünnen Scheiben
50 g Butter
50 g Vollkornmehl
500 ml Milch (3,5 % Fett i. Tr.)
2 Eier
100 g fein geriebener Appenzeller Käse
1–2 EL Kerbelblättchen
weißer Pfeffer
300 g TK-Blätterteig

- Spargel schälen, in 2 cm lange Stücke schneiden und in kochendem Salzwasser mit etwas Zucker und Butter ca. 10–15 Minuten bissfest garen.
- In einem Topf vorsichtig die Butter schmelzen, bei kleiner Flamme Mehl darin anschwitzen und nach und nach mit der Milch ablöschen. Unter Rühren zu einer sämigen Béchamelsauce einkochen lassen.
- Die Béchamelsauce mit den Eiern verquirlen. Den fein geschnittenen Schinken, Käse und die Kerbelblättchen unterrühren. Mit wenig Pfeffer würzen.
- Den Blätterteig antauen lassen und ausrollen. Blätterteigscheiben zu einer Teigplatte zusammenlegen und ebenfalls ausrollen. Eine mit kaltem Wasser ausgespülte Tarte-Form mit dem Blätterteig auslegen und den überstehenden Teig abschneiden.
- Die Tarte-Form mit der Béchamelsauce füllen und die Spargelstückchen leicht hineindrücken. Im vorgeheizten Backofen bei 220 °C ca. 20 Minuten goldgelb backen.

Tipp: *Dazu passt gemischter Blattsalat mit Kräuterdressing.*

284 kcal, 10 g EW, 18 g F, 14 g KH, 102 mg Chol, 1 g Ba

Schneller Spargelkuchen

einfach

Zutaten:
1 kg Spargel
250 g Toastbrot
100 g Butter
200 g Frühstücksspeck
4 Eier
250 g süße Sahne
3 El geriebener Allgäuer Emmentaler
Salz und Pfeffer

- Vom Toastbrot die Rinde entfernen und eine flache Kuchenform damit auslegen.
- Geschälte Spargel in siedendem Wasser 15–20 Min. knackig garen und die Spargelstangen sternförmig auf dem Toastbrot anordnen.
- Fein gewürfelter Frühstücksspeck in Butter anrösten und mit der Butter über Spargel und Toastbrot geben.
- Eier und Sahne verquirlen, den Käse darunter rühren, mit Salz und Pfeffer würzen und über den Spargel gießen. Im vorgeheizten Backofen bei 200 Grad ca. 15 Minuten überbacken.

284 kcal, 10 g EW, 18 g F, 14 g KH, 102 mg Chol, 1 g Ba

Aufwendig ist dieser Kuchen nicht herzustellen, aber er schmeckt unnachahmlich. ▶

Spargelsalate ▶

Spargelsalat grün-weiß mit Schinken und Erdbeeren

kalorienarm

Zutaten:
250 g weißer und 250 g güner Spargel
1 Prise Salz und Zucker
250 g Erdbeeren
100 g gekochter Schinken, in Scheiben
1 kleiner Eisbergsalat (ca. 100 g)
30 g Kresse
2 EL Balsamico-Essig
2 EL Nussöl
weißer Pfeffer

- Spargel schälen und in kochendem Salzwasser mit etwas Zucker ca. 10–15 Minuten bissfest garen. Den grünen Spargel nur die letzten 5–10 Minuten mitkochen. Gut abtropfen lassen und in ca. 5 cm lange Stücke schneiden.
- Erdbeeren waschen und klein schneiden, Schinken in Würfel schneiden. Mit den erkalteten Spargelstücken mischen.
- Den Eisbergsalat putzen, waschen und die Salatschüssel damit auslegen. Die Kresse waschen.
- Für die Sauce Essig, Öl, Salz, Zucker und Pfeffer miteinander verrühren und mit dem Spargelsalat vermischen.
- Die Spargelmischung auf dem Eisbergsalat anrichten und mit Kresse bestreuen.

168 kcal, 9 g EW, 9 g F, 9 g KH, 21 mg Chol, 4 g Ba

◀ Die Abbildung links zeigt einen schlichten, aber sehr schmackhaften, frischen Salat aus rohem grünen Spargel mit einer herzhaften Vinaigrette.

Spargelsalat im Tomatenkörbchen

kalorienarm
cholesterinarm

Zutaten:
800 g weißer Spargel
1 Prise Salz
1 Prise Zucker
1 Gemüsezwiebel (ca. 50 g)
4 große Fleischtomaten (ca. 400 g)
je 1 EL Basilikum, Petersilie und Schnittlauch, fein geschnitten

Zutaten für die Salatsauce:
2 EL Essig
2 EL Olivenöl, kalt gepresst
Pfeffer

- Zuerst Spargel schälen und in kochendem Salzwasser mit etwas Zucker ca. 15 Minuten bissfest garen. Anschließend in kleine Stücke schneiden und erkalten lassen.
- Von den Fleischtomaten einen Deckel abschneiden und die Tomaten aushöhlen. Das Fruchtfleisch klein schneiden und mit den Spargelstücken mischen. Die Gemüsezwiebel fein würfeln und ebenfalls untermischen.
- Für die Salatsauce Essig, Öl, Salz, Zucker, Pfeffer und die gehackten Kräuter miteinander verrühren. Mit dem Spargelsalat vermischen und kurz ziehen lassen.
- Den Salat in die ausgehöhlten Fleischtomaten füllen und den Deckel wieder aufsetzen.

135 kcal, 6 g EW, 6 g F, 11 g KH, 0 mg Chol, 6 g Ba

Apfel-Spargel-Salat mit Kräutersauce

kalorienarm
cholesterinarm

Zutaten:
500 g weißer Spargel
1 Prise Salz
1 Prise Zucker
4 säuerliche Äpfel

Zutaten für die Salatsauce:
3 EL Zitronensaft
2 EL Joghurt (3,5 % Fett i. Tr.)
100 g saure Sahne (10 % Fett i. Tr.)
Salz
Zucker
weißer Pfeffer
je 1 EL Petersilie, Schnittlauch, Dill, fein gehackt

- Spargel schälen und in kochendem Salzwaser mit etwas Zucker ca. 15 Minuten bissfest garen. Gut abtropfen lassen und in ca. 3 cm lange Stücke schneiden.
- Äpfel vom Kernhaus befreien und in kleine Spalten schneiden. Spargel- und Apfelstücke mischen.
- Für die Sauce Zitronensaft, Joghurt und saure Sahne miteinander verrühren und mit Salz, Pfeffer und Muskat würzen. Die gehackten Kräuter untermischen.
- Die Kräutersauce mit dem Apfel-Spargel-Salat vermischen und kurz durchziehen lassen.

137 kcal, 4 g EW, 3 g F, 20 g KH, 9 mg Chol, 5 g Ba

Spaghetti-Salat mit grünem Spargel und Champignons

raffiniert

Zutaten:
500 g grüner Spargel
1 Prise Salz
1 Prise Zucker
200 g Spaghetti
1–2 EL Butter (ca. 30 g)
1 Gemüsezwiebel (ca. 50 g)
150 g Champignons
2 EL Petersilie, fein geschnitten

Zutaten für die Salatsauce:
2 EL Essig
3 EL Olivenöl
Pfeffer

- Spargel schälen und in kochendem Salzwasser mit etwas Zucker ca. 10 Minuten bissfest garen. Spargelstangen in ca. 3–4 cm lange Stücke schneiden und erkalten lassen.
- Spaghetti 8–10 Minuten bissfest kochen.
- Zwiebel fein würfeln und in der Butter glasig dünsten. Die Champignons klein schneiden und mitdünsten.
- Spargelstücke, Nudeln, Pilze, Petersilie vermischen.
- Für die Salatsauce Essig, Öl, Salz, Zucker und Pfeffer verrühren. Mit dem Spargelsalat vermischen und kurz ziehen lassen.

367 kcal, 9 g EW, 16 g F, 41 g KH, 41 mg Chol, 5 g Ba

Spargel und Teigwaren lassen sich mit diversen anderen Gemüsen zu leckeren Salaten mischen.

Bunter Spargelsalat mit Rucola

kalorienarm
cholesterinarm

Zutaten:

250 g weißer Spargel
250 g grüner Spargel
1 Prise Salz
1 Prise Zucker
1 Gemüsezwiebel (ca. 50 g)
125 g Champignons
50 g Rucola
100 g Cocktailtomaten

Zutaten für die Salatsauce:
3 EL Balsamico-Essig
3 EL Olivenöl, kalt gepresst
Salz
Pfeffer
1 EL Schnittlauch, fein gehackt

- Spargel schälen und in kochendem Salzwasser mit etwas Zucker ca. 10–15 Minuten bissfest garen. Den grünen Spargel nur die letzten 10 Minuten mitkochen. Gut abtropfen lassen und in ca. 5 cm lange Stücke schneiden.
- Dann die Gemüsezwiebel fein schneiden. Champignons waschen, putzen und in Scheiben schneiden. Rucola waschen und in kleine Stücke reißen. Tomaten waschen und halbieren. Alles mit den erkalteten Spargelstücken vermischen.
- Für die Sauce Essig, Öl, Salz und Zucker miteinander verrühren und mit dem Spargelsalat vermischen.
- Mit Schnittlauch bestreuen und noch kurz durchziehen lassen.

135 kcal, 4 g EW, 9 g F, 7 g KH, 0 mg Chol, 4 g Ba

Spargel-Lachs-Cocktail auf Feldsalat

raffiniert

Zutaten:
500 g weißer Spargel
1 Prise Salz
1 Prise Zucker
150 g geräucherter Lachs, in Scheiben
1 hart gekochtes Ei, in Scheiben geschnitten
100 g Feldsalat
1 Gemüsezwiebel (ca. 50 g)
je 1 EL Petersilie und Schnittlauch, fein geschnitten

Zutaten für die Salatsauce:
2 EL Essig
2 EL Öl
Pfeffer

- Spargel schälen und in kochendem Salzwasser mit etwas Zucker ca. 15 Minuten bissfest garen. Erkalten lassen und in ca. 4 cm lange Stücke schneiden.
- Den Lachs in feine Streifen schneiden und mit den Spargelstücken mischen.
- Feldsalat putzen und waschen. Gemüsezwiebel fein würfeln und mit dem Feldsalat mischen. Auf einem Teller anrichten.
- Für die Salatsauce Essig, Öl, Salz, Zucker und Pfeffer verrühren und mit dem Spargelsalat und den Kräutern vermischen. Spargel-Lachs-Cocktail auf dem Feldsalat verteilen und mit dem Ei garnieren.

227 kcal, 14 g EW, 14 g F, 6 g KH, 72 mg Chol, 3 g Ba

Kleine Gerichte mit Spargel ▶

Badischer Spargel mit Flädle und Schinken

ballaststoffreich

Zutaten:

1 kg weißer Spargel
1 Prise Salz und Zucker
1 TL Butter (5 g)
200 g Schinken, in dünnen Scheiben
100 g Butter

Zutaten für die Flädle:

150 g Vollkornmehl
3 Eier (à ca. 60 g)
300 ml Milch (3,5 % Fett i. Tr.)
Salz und Pfeffer
Muskat
2 EL Petersilie, fein geschnitten
2 EL Öl oder Butterschmalz

- Spargel schälen und in kochendem Salzwasser mit etwas Zucker und Butter ca. 15 Minuten bissfest garen.
- Für die Flädle Mehl, Eier, Milch und Gewürze gut verquirlen. Fein gehackte Petersilie unterrühren und den Teig eine halbe Stunde quellen lassen.
- Flädle in wenig Fett ausbacken und im Backofen warm halten.
- Butter erhitzen und goldbraun werden lassen. Spargel mit Flädle, Schinken und heißer Butter oder einer anderen Sauce servieren.

794 kcal, 33 g EW, 53 g F, 34 g KH, 284 mg Chol, 8 g Ba

◀ Komponieren Sie auch einmal eine Füllung aus Spargel, die Sie in Blätterteigtaschen geben wie in der Abbildung links.

Spargel mit Kräuterkartoffeln vom Blech

cholesterinarm
ballaststoffreich

Zutaten:
800 g Kartoffeln
2 EL Öl
4 EL verschiedene Kräuter, getrocknet (Petersilie, Schnittlauch, Dill, Kerbel)
500 g weißer Spargel
500 g grüner Spargel
1 Prise Salz
1 Prise Zucker
1 TL Butter (5 g)
100 g geräucherter Schinken

- Kartoffeln gründlich waschen und halbieren. Das Backblech leicht einfetten, die Kartoffeln mit Öl bepinseln.
- Die getrockneten Kräuter auf einen flachen Teller geben, die Kartoffeln rundum darin wälzen und mit der Schnittfläche nach unten auf das Backblech setzen. Die Kartoffeln im vorgeheizten Backofen bei 180 °C 25–30 Minuten backen.
- Spargel schälen. Den weißen Spargel in kochendem Salzwasser mit etwas Zucker und Butter ca. 15 Minuten bissfest garen, den grünen Spargel nur die letzten 10 Minuten mitkochen.
- Spargel mit geräuchertem Schinken und Blechkartoffeln servieren.

358 kcal, 15 g EW, 12 g F, 41 g KH, 23 mg Chol, 10 g Ba

Spargel-Lauch-Bündel mit Käsesauce

schnell

Zutaten:
1 kg weißer Spargel
1 große Lauchstange (ca. 150 g)
1 Prise Salz
1 Prise Zucker
30 g Butter
1 TL Vollkornmehl
125 ml Sahne (30 % Fett i. Tr.)
125 ml Milch (3,5 % Fett i. Tr.)
50 ml Weißwein
150 g Blauschimmel-Weichkäse
weißer Pfeffer

- Spargel schälen. Lauchstange putzen, längs vierteln. Spargel in 4 Portionen teilen. Jede Portion mit einem Lauchstangenviertel zusammenbinden. Die Bündel in kochendem Salzwasser mit etwas Zucker ca. 12–15 Minuten bissfest garen. Gut abtropfen lassen.
- Butter in einem Topf erhitzen, Mehl zugeben und darin anschwitzen. Unter Rühren mit Sahne, Milch und Weißwein ablöschen und kurz aufkochen lassen.
- Den Blauschimmel-Weichkäse würfeln und in die Sauce geben. So lange rühren, bis sich der Käse aufgelöst hat. Die Käsesauce mit Salz und Pfeffer abschmecken.
- Die Spargel-Lauch-Bündel mit der Sauce servieren. Dazu: luftgetrockneter Schinken und Pellkartoffeln.

619 kcal, 27 g EW, 43 g F, 20 g KH, 109 mg Chol, 7 g Ba

Überbackener Spargeltoast

schnell

Zutaten:

1 kg weißer Spargel
1 Prise Salz
1 Prise Zucker
125 ml Sauce hollandaise
1–2 EL Weißwein
4 Scheiben Weiß- oder Toastbrot (ca. 80 g)
20 g Butter zum Bestreichen
4 Scheiben gekochter Schinken à 40 g
1 Beet Kresse

- Spargel schälen und in kochendem Salzwasser mit etwas Zucker ca. 15–20 Minuten garen. Gut abtropfen lassen.
- Sauce hollandaise zubereiten oder als Fertigsauce kaufen und mit Weißwein abschmecken.
- Brot toasten, mit Butter bestreichen und mit Schinken und Spargel belegen. Sauce hollandaise darüber gießen und im vorgeheizten Backofen bei 220 °C ca. 8–10 Minuten überbacken.
- Mit Kresse garnieren.

408 kcal, 18 g EW, 24 g F, 23 g KH, 229 mg Chol, 5 g Ba

Schinkenröllchen mit grünem Spargel

kalorienarm
cholesterinarm

Zutaten:
800 g grüner Spargel
1 Prise Salz
1 Prise Zucker
4 Scheiben gekochter Schinken (à ca. 50 g)
4 Tomaten (ca. 200 g)
200 g Butterkäse oder Edamer (45 % Fett i. Tr.)
1 EL Petersilie fein geschnitten

- Zuerst Spargel schälen und in kochendem Salzwasser mit etwas Zucker ca. 10 Minuten lang bissfest garen. Anschließend gut abtropfen lassen.
- Je 3–4 Stangen Spargel in eine Schinkenscheibe wickeln und diese dann in eine gut gefettete Auflaufform legen.
- Die Tomaten in Scheiben schneiden und die Schinkenröllchen damit belegen. Den Käse würfeln und auf den Tomatenscheiben verteilen.
- Im vorgeheizten Backofen bei 220 °C ca. 15 Minuten überbacken. Mit Petersilie bestreuen.
- Dazu passen Pellkartoffeln.

247 kcal, 18 g EW, 14 g F, 6 g KH, 39 mg Chol, 4 g Ba

Spaghetti mit grünem Spargel und Sahnesauce

schnell

Zutaten:

800 g grüner Spargel
1 Prise Salz
1 Prise Zucker
200 ml Sahne (30 % Fett i. Tr.)
100 ml Milch (3,5 % Fett i. Tr.)
200 g gekochter Schinken
Salz
Pfeffer
1–2 EL Tomatenmark
400 g Spaghetti

- Spargel schälen und in kochendem Salzwasser mit etwas Zucker ca. 10 Minuten bissfest garen. Gut abtropfen lassen und in 2–3 cm lange Stücke schneiden.
- Sahne und Milch zum Kochen bringen. Schinken fein würfeln und mit den Spargelstücken in die Sahne geben. Mit Salz und Pfeffer würzen und mit etwas Tomatenmark abschmecken.
- Die Spaghetti bissfest kochen und mit der heißen Spargelsauce servieren.

680 kcal, 27 g EW, 24 g F, 80 g KH, 144 mg Chol, 7 g Ba

Grüner Spargel mit Zucchini und Sauce Choron

kalorienarm

Zutaten:

800 g grüner Spargel
1 Prise Salz
1 Prise Zucker
2 Zucchini
125 ml Sauce hollandaise
1–2 EL Tomatenmark

- Spargel schälen und in kochendem Salzwasser mit etwas Zucker ca. 15 Minuten garen.
- Zucchini putzen, waschen und in Streifen schneiden. Zucchinistreifen 5 Minuten vor Ende der Garzeit zum Spargel hinzufügen und mitgaren.
- Sauce hollandaise mit Tomatenmark verrühren und mit Salz und Pfeffer abschmecken.
- Spargel und Zucchini auf Teller anrichten und Sauce Choron darüber geben. Dazu passen Pellkartoffeln.

Tipp:

Mit Kräuterreis und Kalbsschnitzel wird dieses Gericht zu einem kompletten Hauptgericht.

201 kcal, 6 g EW, 15 g F, 7 g KH, 183 mg Chol, 4 g Ba

Hauptgerichte mit Spargel ▶

Kartoffelauflauf mit grünem Spargel

ballaststoffreich

Zutaten:
1 kg grüner Spargel
1 Prise Salz und Zucker
800 g Kartoffeln
200 g gekochter Schinken
200 g Möhren
200 g Crème fraîche (30 % Fett i. Tr.)
100 ml Milch (3,5 % Fett i. Tr.)
Salz und weißer Pfeffer
Muskatnuss
100 g geriebener Emmentaler oder Appenzeller (45 % Fett i. Tr.)

- Spargel in kochendem Salzwasser mit etwas Zucker 10 Minuten garen, dann in kleine Stücke schneiden.
- Kartoffeln bürsten, in der Schale 20–25 Minuten gar kochen, pellen und nach dem Abkühlen in dünne Scheiben schneiden.
- Schinken fein würfeln. Möhren in Scheiben schneiden und kurz blanchieren.
- Auflaufform leicht einfetten und Kartoffelscheiben, Spargelstücke, Schinken und Möhren abwechselnd einschichten.
- Crème fraîche mit Milch, Salz, Pfeffer und etwas Muskatnuss verrühren und über den Spargelauflauf verteilen. Mit geriebenem Käse bestreuen, in vorgeheiztem Backofen bei 180–200 °C 20 Minuten überbacken.

614 kcal, 30 g EW, 30 g F, 48 g KH, 111 mg Chol, 10 g Ba

◀ *Spargeln und Kartoffeln geben eine ideale Kombination für einen herzhaften Auflauf ab.*

Delikates Spargelragout mit Krabben

kalorienarm
raffiniert

Zutaten:
1 kg weißer Spargel
1 Prise Salz
1 Prise Zucker
100 ml süße Sahne (30 % Fett i. Tr.)
100 g Crème fraîche (30 % Fett i. Tr.)
100 ml Weißwein oder Gemüsebrühe
100 ml Spargelsud
400 g geschälte Krabben, gekocht
Pfeffer
Zitronensaft
1 Bund Dill, fein gehackt

- Spargel schälen und in kochendem Salzwasser mit etwas Zucker ca. 15 Minuten bissfest garen. Gut abtropfen lassen und in 3–4 cm lange Stücke schneiden.
- Sahne, Crème fraîche, Weißwein und Spargelsud aufkochen, mit Salz und Zucker würzen.
- Spargelstücke und Krabben dazugeben und in der Sauce einige Minuten ziehen lassen. Sauce mit Pfeffer und Zitronensaft abschmecken und fein gehackten Dill untermischen.
- Dazu passen grüne Bandnudeln oder Pellkartoffeln.

335 kcal, 25 g EW, 17 g F, 11 g KH, 209 mg Chol, 4 g Ba

Spargelauflauf mit grünem und weißem Spargel

ballaststoffreich

Zutaten:
400 g Vollkornnudeln
125 g weißer Spargel
125 grüner Spargel
1 Prise Salz und Zucker
250 g Brokkoli
Pfeffer
150 g magerer gekochter Schinken
200 g Kräuterfrischkäse
120 ml Spargelsud

- Nudeln bissfest kochen. Spargel schälen und in kochendem Salzwasser mit etwas Zucker ca. 10 Minuten bissfest garen. Gut abtropfen lassen und in ca. 5 cm lange Stücke schneiden. Spargelsud beiseite stellen.
- Brokkoli putzen, in kleine Röschen teilen und in Salzwasser ca. 3 Minuten blanchieren.
- Den Schinken fein würfeln und mit den Nudeln vermischen.
- In einer leicht gefetteten Auflaufform Schinkennudeln verteilen. Brokkoliröschen und Spargelstückchen darüber geben und mit Salz und Pfeffer würzen.
- Den Frischkäse mit dem Spargelsud glatt rühren und über den Auflauf verteilen. Im vorgeheizten Backofen ca. 15 Minuten bei 180–200 °C überbacken.

512 kcal, 29 g EW, 10 g F, 66 g KH, 107 mg Chol, 12 g Ba

Buntes Gemüsegratin mit weißem Spargel

cholesterinarm
ballaststoffreich

Zutaten:
1 kg weißer Spargel
1 Prise Salz und Zucker
600 g Kartoffeln
1 kg Tomaten
4 Frühlingszwiebeln
25 g Butter
1–2 EL Vollkornmehl
200 ml Milch (3,5 % Fett i. Tr.)
weißer Pfeffer
100 g gekochter Schinken
100 g geriebener Käse (Gouda oder Edamer, 45 % Fett i. Tr.)

- Spargel putzen, schälen und in kochendem Salzwasser mit Zucker bissfest garen.
- Geschälte Kartoffeln in Scheiben schneiden und in wenig Salzwasser 15 Minuten kochen. Tomaten in Würfel, Frühlingszwiebeln in Ringe schneiden.
- In einem Topf die Butter schmelzen, bei kleiner Flamme Mehl darin anschwitzen. Mit Milch und 100 ml Spargelwasser ablöschen. Mit Salz und Pfeffer würzen.
- Alles abwechselnd in eine gefettete Auflaufform schichten. Schinken in Würfel schneiden und darauf verteilen. Sauce darüber gießen und mit geriebenem Käse bestreuen. Im vorgeheizten Backofen bei 200 °C 15–20 Minuten gratinieren.

476 kcal, 26 g EW, 15 g F, 51 g KH, 50 mg Chol, 14 g Ba

Lachs in Spargel-Sahne-Sauce

raffiniert

Zutaten:

500 g weißer Spargel
1 Prise Salz
1 Prise Zucker
100 ml Sahne (30 % Fett i. Tr.)
100 ml Milch (3,5 % Fett i. Tr.)
2 EL Crème fraîche (30 % Fett i. Tr.)
100 ml Weißwein oder Gemüsebrühe
weißer Pfeffer
4 Lachsfilets à 200 g
200 ml Gemüsebrühe
2 EL Zitronensaft
$^{1}/_{2}$ Bund Dill

- Spargel schälen und in kochendem Salzwasser mit etwas Zucker ca. 15 Minuten bissfest garen. Gut abtropfen lassen und in kleine Stücke schneiden.
- Sahne, Milch, Crème fraîche und Weißwein erhitzen und zu einer cremigen Sauce einkochen lassen. Mit Salz und Pfeffer würzen und die Hälfte des Dills unterrühren. Spargelstücke dazugeben.
- Die Lachsfilets mit Zitronensaft beträufeln und in der Gemüsebrühe 6–8 Minuten gar ziehen lassen.
- Den Fisch aus der Brühe nehmen und mit Spargel-Sahne-Sauce servieren. Mit restlichem Dill bestreuen. Dazu passt Wildreis.

624 kcal, 45 g EW, 37 g F, 9 g KH, 98 mg Chol, 2 g Ba

Putengeschnetzeltes auf Spargelrahm

kalorienarm

Zutaten:
1 kg weißer Spargel
1 Prise Salz
1 Prise Zucker
300 g Putenfilet
1 EL Öl
200 g Crème fraîche (30 % Fett i. Tr.)
200 ml Spargelsud
Pfeffer
Zitronensaft
2 EL Sahne (30 % Fett i. Tr.)
2 EL Petersilie, fein gehackt

- Spargel schälen und in kochendem Salzwasser mit etwas Zucker ca. 15 Minuten bissfest garen. Abtropfen lassen und in ca. 3 cm lange Stücke schneiden.
- Putenfilet in feine Streifen schneiden und in einer Pfanne mit Öl kurz anbraten. Spargelsud dazugießen, mit Pfeffer und Zitronensaft abschmecken und Crème fraîche unterrühren.
- Die Spargelstücke und die Sahne zugeben und nochmals kurz aufkochen. Gehackte Petersilie unterrühren.
- Dazu passen grüne Bandnudeln.

350 kcal, 13 g EW, 21 g F, 9 g KH, 98 mg Chol, 4 g Ba

Überbackene Spargel-Pfannkuchen

ballaststoffreich

Zutaten für den Teig:

2 Eier à 60 g
100 g Vollkornmehl
20 g Haferflocken
250 ml Milch (3,5 % Fett i. Tr.)
Salz
Pfeffer
2–3 EL Butter

Zutaten für die Füllung:

1 kg weißer Spargel
1 Prise Salz
1 Prise Zucker
300 g Mozzarella
2 EL saure Sahne (10 % Fett i. Tr.)
1/2 Bund Petersilie, fein gehackt
1/2 Bund Schnittlauch, fein gehackt
Pfeffer
1 EL Zitronensaft

Zutaten für den Guss:

4 EL saure Sahne (10 % Fett i. Tr.)
1 Eigelb
4 EL Parmesan, gerieben
Salz
Pfeffer
Muskat

- Für den Teig Eier mit Mehl, Haferflocken, Milch, Salz und Pfeffer zu einem glatten Teig verrühren. Eine halbe Stunde quellen lassen. Dann in wenig Butter hintereinander 8 dünne Pfannkuchen backen und beiseite stellen.
- Spargel schälen und in kochendem Salzwasser mit etwas Zucker ca. 15 Minuten bissfest garen. Gut abtropfen lassen.
- Mozzarella in kleine Würfel schneiden und mit der sauren Sahne und den gehackten Kräutern vermischen. Schließlich mit Salz, Pfeffer und Zitronensaft abschmecken.
- Für den Guss saure Sahne mit Eigelb, Parmesan, Salz, Pfeffer und Muskat verrühren.
- Jeweils ca. 5–6 Spargelstangen und 2–3 EL der Mozzarella-Füllung in die Mitte der Pfannkuchen geben und einrollen.
- Die gefüllten Pfannkuchen in eine leicht gefettete Auflaufform schichten und den Guss darauf verteilen. Im vorgeheizten Backofen bei 200 °C ca. 12–15 Minuten überbacken.

710 kcal, 39 g EW, 42 g F, 33 g KH, 299 mg Chol, 8 g Ba

Gemischte Spargelbündel mit Hähnchenbrustfilet

kalorienarm

Zutaten:
400 g grüner Spargel
400 g weißer Spargel
1 Stange Lauch
1 Prise Salz und Zucker
100 g Erdbeeren
4 Hähnchenbrustfilets à 150 g
weißer Pfeffer
20 g Butter
200 ml Sauce bérnaise
1 Bund Estragon, fein gehackt

- Spargel schälen. 4 Lauchblätter 3 Minuten blanchieren. Spargel in 4 gemischte Portionen teilen und mit je einem Lauchblatt zusammenbinden. Spargelbündel in kochendem Salzwasser mit etwas Zucker 15 Minuten bissfest garen. Gut abtropfen lassen.
- Erdbeeren in Scheiben schneiden. Hähnchenbrustfilets waschen, trocken tupfen, salzen und pfeffern.
- Butter erhitzen und die Hähnchenbrustfilets 8 Minuten von beiden Seiten goldbraun anbraten. Herausnehmen und warm stellen. Erdbeerscheiben kurz in der heißen Butter schwenken.
- Sauce bérnaise mit dem fein gehackten Estragon mischen.
- Hähnchenbrustfilets in Scheiben schneiden. Mit Spargelbündel, Erdbeerscheiben und der Sauce servieren.

512 kcal, 42 g EW, 27 g F, 16 g KH, 339 mg Chol, 4 g Ba

Spargelsaucen ▶

Sauce hollandaise

Zutaten: *200 g Butter, 2 Eigelb, 2 EL Weißwein, Zitronensaft, Salz, Pfeffer*

- Butter zerlassen und abkühlen lassen.
- Eigelbe mit Weißwein im Wasserbad so lange mit dem Schneebesen schaumig schlagen, bis die Masse dicklich ist.
- Die Schüssel aus dem Wasserbad nehmen, dann die abgekühlte Butter langsam darunter schlagen und die Sauce schließlich mit Zitronensaft, Salz und Pfeffer abschmecken.

Pro Rezept:
1806 kcal, 11 g EW, 184 g F, 5 g KH, 1236 mg Chol, 0 g Ba

Sauce maltaise

Zutaten: *200 g Butter, 2 EL Orangensaft, 1 EL Zitronensaft, 1 gehackte Schalotte, 5 Pfefferkörner (zerdrückt), 1 EL Wasser, 2 Eigelb, Salz, Pfeffer, geriebene Orangenschale*

- Butter zerlassen und abkühlen lassen.
- Orangensaft, Zitronensaft, die gehackte Schalotte und die zerdrückten Pfefferkörner in einem kleinen Topf erhitzen, fast vollständig eindünsten und schließlich erkalten lassen.
- 1 EL Wasser und die Eigelbe unter die Schalottenmasse vermengen, das Gemisch im Wasserbad so lange schlagen, bis die Masse dicklich ist.

◀ *Zum weißen und grünen Spargel lassen sich verschiedene Saucen, auch ausgefallene Kreationen, probieren. In der Abb. links Spargel mit einer Kerbelsauce.*

- Die abgekühlte Butter langsam darunter schlagen und die Sauce mit Salz, Pfeffer und der geriebenen Orangenschale abschmecken.

Pro Rezept:
1852 kcal, 13 g EW, 184 g F, 19 g KH, 1236 mg Chol, 2 g Ba

Sauce béarnaise

Zutaten: *200 g Butter, 1 kleine Schalotte (gewürfelt), 4 EL Kräuter (z. B. Estragon, Petersilie), 2 TL Estragonessig, 2 EL Weißwein, Salz, Zucker, 10 zerdrückte Pfefferkörner, Zitronensaft*

- Butter zerlassen und abkühlen lassen.
- Schalottenwürfel, Kräuter, Essig und Weißwein zum Kochen bringen und etwa 5 Minuten kochen lassen. Durch ein Haarsieb streichen.
- Den Sud mit den Eigelben im Wasserbad so lange schaumig schlagen, bis die Masse dicklich ist.
- Die abgekühlte Butter langsam darunter schlagen und die Sauce mit Salz, Zucker, Pfefferkörnern und Zitronensaft abschmecken.

Pro Rezept:
1894 kcal, 15 g EW, 185 g F, 23 g KH, 1236 mg Chol, 4 g Ba

Wein-Chadeau-Sauce

Zutaten: *4 Eigelb, 150 ml Weißwein, 150 ml Gemüsebrühe, Salz, Pfeffer, Muskatnuss, Paprika (edelsüß), Worcestersauce*

- Eigelbe mit Weißwein und Gemüsebrühe verrühren. Im Wasserbad mit dem Schneebesen so lange schaumig schlagen, bis die Sauce cremig ist.
- Unter Rühren mit Salz, Pfeffer, Muskatnuss, Paprika und eventuell etwas Worcestersauce abschmecken.

Pro Rezept:
671 kcal, 22 g EW, 43 g F, 15 g KH, 1514 mg Chol, 2 g Ba

Avocadosauce

Zutaten: *2 reife Avocados, 1–2 EL Zitronensaft, 2–3 EL Naturjoghurt (3,5 % Fett i. Tr., ca. 50 g), 2 EL Mineralwasser, 2 EL Weißwein, Salz, Pfeffer*

- Avocados schälen, halbieren und den Stein vom Fruchtfleisch lösen.
- Fruchtfleisch mit Zitronensaft, Joghurt, Mineralwasser und Weißwein mit dem Pürierstab pürieren. Mit Salz und Pfeffer abschmecken.

Pro Rezept:
599 kcal, 8 g EW, 50 g F, 17 g KH, 0 mg Chol, 6 g Ba

Abnehmen mit der neuen Spargeldiät

Spargel ist ein extrem kalorienarmes Gemüse; es enthält aber eine Reihe von äußerst wertvollen Inhaltsstoffen. Gerade deshalb läßt sich der Spargel famos als „Leitmotiv" für eine Serie von Diättagen einsetzen. Spargeldiät bedeutet natürlich nicht, daß man sich ausschließlich von Spargel ernähren sollte, denn dies würde bedeuten, dem Körper andere notwendige Stoffe vorzuenthalten. Wir haben deshalb zehn Spargeltage für Sie zusammengestellt, bei denen weißer und grüner Spargel zwar den Ton angeben, andere Nahrungsmittel aber mit zur Komposition gehören.

Eine 30-jährige Frau mit leichter körperlicher Tätigkeit benötigt z. B. 2000–2200 kcal pro Tag, ein gleichaltriger Mann bei gleicher Tätigkeit 2400–2600 kcal.

Gesund abnehmen – ist das nicht ein Widerspruch? „Fünf Kilo in drei Tagen!“, „In drei Wochen von Kleidergröße 46 auf 38“ – so und ähnlich werben viele Diäten. Kann das gesund sein? Bedeutet eine Diät nicht immer einseitige Ernährung und damit eine große Belastung für den Körper? Und nimmt man anschließend meistens nicht nur noch schneller wieder zu?

Gesund sind Radikalkuren nicht und beim Abspecken helfen sie ebenso wenig! Aus diesem Grund wollen wir eine vernünftige, ausgewogene und gesunde Ernährung vorstellen, bei der man „ganz nebenbei“ auch noch unerwünschte Pfunde verliert.

Um vernünftig abzunehmen, sollte man zuerst seinen eigenen Energiebedarf richtig einschätzen können. Die Energiezufuhr sollte während der Gewichtsreduktion maximal 500–700 kcal unter dem Normalbedarf liegen – bei einer 30-jährigen Frau also nicht unter 1500 kcal –, sonst tritt der gefürchtete „Jo-Jo-Effekt“ ein: Nach einem zu raschen Gewichtsverlust nimmt man umso schneller wieder zu – oft über das Ausgangsgewicht hinaus. Enttäuschung ist so programmiert… Also Vorsicht vor allen sensationellen Versprechungen.

Eine vernünftige Gewichtsreduktion bedeutet einen Gewichtsverlust von 0,5 bis maximal 1 kg pro Woche – nicht mehr! Dafür ist es allerdings möglich, bei uneingeschränkter Leistungsfähigkeit und bestem Wohlbefinden abzunehmen und das erreichte Gewicht anschließend auch zu halten.

Den folgenden Rezepten sind diese Prinzipien einer vernünftigen Gewichtsreduktion zugrunde gelegt. Sie können sowohl während der Spargelzeit von April bis Juni zehn zusammenhängende Spargeltage einlegen oder auch nur einzelne Tage in der Spargelsaison herausgreiffen. Letzteres ist vor allem eine gute Möglichkeit, wenn man nicht zehn Tage hintereinander Spargel essen will.

Bei den Rezepten handelt es sich um zehn Tagespläne mit Frühstück, Mittag- und Abendessen und je zwei Zwischenmahlzeiten; der Gesamtenergiegehalt pro Tag liegt zwischen 1500 und 1800 kcal.

Als ideale Verteilung über den Tag sollten Frühstück und Abendessen jeweils 20–25 %, das Mittagessen 30 % und die beiden Zwischenmahlzeiten jeweils 10–15 % der täglichen Energie decken. Je nach Energiebedarf und persönlichen Essgewohnheiten können Sie mit den Baukastenrezepten Ihren individuellen Tagesplan zusammenstellen. Sie können Zwischenmahlzeiten einbauen oder weglassen, je nach Bedarf und persönlichen Vorlieben. Bei Hunger können Sie die Mengenangaben der Zwischenmahlzeiten bzw. der Gemüseportionen oder Stärkebeilagen (Kartoffeln, Reis, Nudeln) nach eigenem Ermessen erhöhen. Im umgekehrten Fall kann entsprechend reduziert werden. Es ist sinnvoll, die Hauptgerichte mit einem Salat oder einer Rohkostvorspeise zu beginnen, um den ersten Hunger aufzufangen.

Besonders wichtig ist es, beim Abnehmen auf eine ausreichende Flüssigkeitszufuhr zu achten. Im Normalfall genügen 2 Liter pro Tag, während der Gewichtsreduktion sollten es aber 2,5–3 Liter pro Tag sein, am besten in Form von Mineralwasser, Fruchtsaftschorle oder ungesüßtem Kräuter- oder Früchtetee. Den Erfolg Ihrer Gewichtsreduktion können Sie zusätzlich noch unterstützen, wenn Sie zum Essen und zwischendurch regelmäßig Spargelsaft trinken oder Spargeltabletten aus der Apotheke kaufen und einnehmen. Spargelsaft schmeckt gut gekühlt wie ein leckerer Aperitif. Zu Spargeltabletten muss man zusätzlich ordentlich trinken.

„Heißhunger“ sollte gar nicht erst entstehen, sondern möglichst immer rechtzeitig eine Zwischenmahlzeit eingelegt werden.

Kaffee, Schwarztee und Alkohol haben eine stark harntreibende Wirkung und entziehen dem Körper große Mengen an Flüssigkeit, deshalb darf man sie nicht zur täglichen Trinkmenge dazurechnen. Alkohol schlägt mit besonders viel Kalorien zu Buche.

Bei allen Rezepten in diesem Kapitel sind die Zutatenmengen und die Nährwertangaben pro Person berechnet.

1. Tag

Frühstück	Müsli mit Apfel und Milch
Zwischenmahl	Joghurt
Mittag	Gurkensalat, Vollkornnudeln in Spargel-Pilz-Sauce
Zwischenmahl	Erdbeeren
Abend	Vollkornbrot, Hüttenkäse, Quark, Tomaten

2. Tag

Frühstück	Müsli mit Erdbeeren und Dickmilch
Zwischenmahl	Banane
Mittag	Bunter Bauernsalat, Spargel, überbacken
Zwischenmahl	Kefir
Abend	Grüner Spargel mit Pellkartoffeln und Kräuterdip

3. Tag

Frühstück	Vollkornbrot mit Hüttenkäse, Kiwi
Zwischenmahl	Joghurt
Mittag	Feldsalat mit Croûtons, Spargel-Risotto grün-weiß
Zwischenmahl	Erdbeerquark
Abend	Spargeltoast mit Schinken-Käse-Creme

4. Tag

Frühstück	Müsli mit Banane und Kefir
Zwischenmahl	Erdbeer-Buttermilch-Shake
Mittag	Zucchini-Melonen-Salat, Bauernomelett mit Spargel
Zwischenmahl	Ananas
Abend	Volkornbrot, Hüttenkäse, Kresse, Radieschen

5. Tag

Frühstück	Müsli mit Apfel und Milch
Zwischenmahl	Joghurt
Mittag	Tomatensalat, Spargel-Kartoffel-Topf mit Putenbrustfilet
Zwischenmahl	Erdbeeren
Abend	Vollkornbrot, Camembert, Salatgurke, Tomaten

6. Tag

Vollkornbrot mit Hüttenkäse, Kiwi	Frühstück
Wassermelone	Zwischenmahl
Möhrensalat, grüner Spargel, Spaghetti in Tomatensauce	Mittag
Dickmilch mit Orangensaft	Zwischenmahl
Gefüllter Vollkornpfannkuchen mit Erdbeeren	Abend

7. Tag

Müsli mit Banane und Kefir	Frühstück
Joghurt	Zwischenmahl
Paprika-Rohkost, Spinat-Spargel-Gratin auf Vollkornreis	Mittag
Erdbeeren mit Kefircreme	Zwischenmahl
Vollkornbrot, Hüttenkäse, Kresse, Radieschen	Abend

8. Tag

Vollkornbrot, Camembert, Gurke, Tomate	Frühstück
Erdbeer-Buttermilch-Shake	Zwischenmahl
Bunter Spargelsalat	Mittag
Ananas	Zwischenmahl
Gurken-Tomaten-Salat, weißer Spargel mit Kräuter-Rührei	Abend

9. Tag

Müsli mit Erdbeeren und Dickmilch	Frühstück
Banane	Zwischenmahl
Frühlingssalat, Nudeln in Spargel-Tomaten-Sauce	Mittag
Joghurt	Zwischenmahl
Vollkornbrot, Camembert, Kresse, Radieschen	Abend

10. Tag

Vollkornbrot, Hüttenkäse, Kiwi	Frühstück
Dickmilch mit Orangensaft	Zwischenmahl
Möhrensalat, Truthahnfilet und grüner Spargel	Mittag
Wassermelone	Zwischenmahl
Erdbeer-Quark-Auflauf mit Haselnüssen	Abend

Frühstück

50 g Müslimischung ohne Zucker, 1 Apfel (ca. 150 g), 200 ml Milch (1,5 % Fett i. Tr.)

- Den Apfel grob raspeln.
- Das Müsli untermischen, mit der Milch verrühren und kurz durchziehen lassen.

369 kcal, 13 g EW, 9 g F, 52 g KH, 10 mg Chol, 7 g Ba

Zwischenmahl

Joghurt (200 g, 1,5 % Fett i. Tr.)

84 kcal, 8 g EW, 0 g F, 10 g KH, 0 mg Chol, 0 g Ba

Mittagessen

Gurkensalat und Vollkornnudeln in Spargel-Pilz-Sauce:

Gurkensalat: 200 g Salatgurke, Salz und Pfeffer, 1 EL saure Sahne (10 % Fett i. Tr.), 1 EL Essig oder etwas Zitronensaft

- Die Salatgurke in Scheiben schneiden und mit Salz und Pfeffer würzen.
- Saure Sahne mit dem Essig bzw. Zitronensaft verrühren und untermischen.

54 kcal, 2 g EW, 2 g F, 5 g KH, 5 mg Chol, 2 g Ba

Vollkornnudeln in Spargel-Pilz-Sauce: 125 g Vollkornnudeln, 150 g Champignons, 150 g weißer Spargel, Salz, Zucker, 1 TL Butter, 1 Prise Muskatnuss

- Vollkornnudeln ca. 8–10 Minuten in Salzwasser bissfest kochen.

- Spargel schälen, in kleine Stücke schneiden, in kochendem Salzwasser mit etwas Zucker ca. 15 Minuten garen.
- Champignons waschen, putzen, halbieren und 5 Minuten in Butter andünsten. Spargelstücke zugeben und mit Crème fraîche und Zitronensaft abschmecken.
- Vollkornnudeln mit Muskat abschmecken und mit der Spargel-Pilz-Sauce vermischen.

724 kcal, 23 g EW, 26 g F, 88 g KH, 101 mg Chol, 17 g Ba

Zwischenmahl

Erdbeeren (200 g)

64 kcal, 1 g EW, 0 g F, 11 g KH, 0 mg Chol, 4 g Ba

Abendessen

2 Scheiben Vollkornbrot, 100 g Hüttenkäse, 100 g Gurke, 2 Tomaten

377 kcal, 23 g EW, 6 g F, 49 g KH, 14 mg Chol, 12 g Ba

Frühstück

50 g Müslimischung ohne Zucker, 150 g Erdbeeren, 200 g Dickmilch (3,5 % Fett i. Tr.)

- Die Erdbeeren in kleine Stücke schneiden.
- Das Müsli untermischen, mit der Dickmilch verrühren und kurz durchziehen lassen.

317 kcal, 14 g EW, 6 g F, 44 g KH, 2 mg Chol, 6 g Ba

Zwischenmahl

1 kleine **Banane** (ca. 100 g)

88 kcal, 1 g EW, 0 g F, 19 g KH, 0 mg Chol, 3 g Ba

Mittagessen

Bauernsalat und Spargel, überbacken:

Bauernsalat: 1 kleiner Eisbergsalat, 2 Tomaten, 2 Paprikaschoten (gelb), 100 g Salatgurke, 1 Zwiebel, 1 EL Essig, 1 EL Olivenöl (kalt gepresst), Pfeffer, Salz, 50 g Schafskäse

- Den Eisbergsalat putzen und waschen. Die Tomaten, die Paprika und die Salatgurke waschen und in kleine Würfel schneiden.
- Die Zwiebel fein schneiden, mit Essig, Öl, Salz und Pfeffer verrühren und über den Salat verteilen.
- Den Salat mit dem gewürfelten Schafskäse bestreuen.

350 kcal, 14 g EW, 23 g F, 16 g KH, 30 mg Chol, 9 g Ba

Spargel, überbacken: 200 g weißer Spargel, 1 Prise Salz, Pfeffer, 1 Prise Zucker, 1 Scheibe Gouda (40 % Fett i. Tr.)

- Spargel schälen und in kochendem Salzwasser mit etwas Zucker ca. 15 Minuten garen.

- Den Spargel gut abtropfen lassen, in eine kleine Auflaufform schichten und anschließend mit dem Goudakäse belegen.
- Im Backofen bei ca. 220 °C ca. 5 Minuten überbacken.

163 kcal, 11 g EW, 7 g F, 9 g KH, 18 mg Chol, 3 g Ba

Zwischenmahl

200 g **Kefir** (10 % Fett i. Tr.)

246 kcal, 6 g EW, 20 g F, 7 g KH, 74 mg Chol, 0 g Ba

Abendessen

Grüner Spargel mit Pellkartoffeln und Kräuterdip:

250 g grüner Spargel, 1 Prise Salz, 1 Prise Zucker, 200 g Kartoffeln, 2–3 EL saure Sahne (10 % Fett i. Tr.), ca. 50 g, 1 EL Zitronensaft, 1 Msp. Senf, Kräutersalz, je 2 EL Schnittlauch, Petersilie und Dill

- Die Kartoffeln zuerst gründlich waschen und dann in leicht gesalzenem Wasser mit der Schale ca. 25 Minuten garen.
- Spargel schälen, in kochendem Salzwasser mit etwas Zucker ca. 10 Minuten bissfest garen.
- Für den Kräuterdip die saure Sahne mit Zitronensaft, Senf, Kräutersalz und gehackten Kräutern verrühren.
- Den Spargel zusammen mit den Pellkartoffeln und dem Kräuterdip anrichten.

315 kcal, 12 g EW, 6 g F, 48 g KH, 18 mg Chol, 9 g Ba

Frühstück 2 Scheiben Vollkornbrot, 100 g Hüttenkäse, 1 Kiwi

330 kcal, 22 g EW, 2 g F, 48 g KH, 4 mg Chol, 9 g Ba

Zwischenmahl 200 g **Joghurt** (1,5 % Fett i. Tr.)

84 kcal, 8 g EW, 0 g F, 10 g KH, 0 mg Chol, 0 g Ba

Mittagessen **Feldsalat und Spargelrisotto**

269 kcal, 6 g EW, 11 g F, 32 g KH, 12 mg Chol, 4 g Ba

Feldsalat: 50 g Feldsalat, 1 EL Essig, 1 TL Olivenöl (kalt gepresst), Salz, Pfeffer, 50 g Vollkorntoast, 1 TL Butter

- Feldsalat mit Essig, Öl, Salz und Pfeffer anmachen.
- Vollkorntoast würfeln, in Butter bräunen und auf dem Salat verteilen.

Spargelrisotto grün-weiß: 50 g grüner Spargel, 100 g weißer Spargel, Zucker, 2 EL Sahne, 1 Zwiebel, 1 TL Olivenöl, 60 g Natur-Risotto-Reis, $^{3}/_{4}$ l Spargelwasser, 100 ml Gemüsebrühe, Salz, Pfeffer, 30 g Parmesankäse, gerieben

- Spargel schälen. Weißen Spargel in kochendem Salzwasser mit etwas Zucker 15 Minuten garen, den grünen Spargel nur die letzten 10 Minuten mitkochen.
- Spargelspitzen abschneiden und beiseite stellen, Rest in ca. 3 cm lange Stücke schneiden. Davon ein Drittel mit der Sahne pürieren. Zwiebel fein schneiden und mit Risotto-Reis glasig dünsten. Spargelwasser mit Gemüsebrühe mischen, den Reis ablöschen und 20–30 Minuten bei kleiner Hitze köcheln lassen.

- Kurz vor Ende der Garzeit Spargelstücke und -püree zugeben und mit Salz, Pfeffer und Parmesankäse abschmecken. Mit den Spargelspitzen garnieren.

497 kcal, 20 g EW, 22 g F, 34 g KH, 48 mg Chol, 8 g Ba

Zwischenmahl

Erdbeerquark

100 g Erdbeeren, 100 g Magerquark, 1 EL süße Sahne (30 % Fett i. Tr.), 1 Msp. Vanillepulver (Bourbon-Vanille)

- Sahne mit Vanillepulver steif schlagen und Magerquark schaumig rühren. Mit den Erdbeeren mischen.

159 kcal, 14 g EW, 5 g F, 10 g KH, 17 mg Chol, 2 g Ba

Abendessen

Spargeltoast mit Schinken-Käse-Creme:

150 g weißer Spargel, Salz, 1 Prise Zucker, 50 g gekochter Schinken, 1 EL saure Sahne (10 % Fett i. Tr.), Pfeffer, Zitronensaft, 40 g geriebener Gouda (40 % Fett i. Tr.), 2 Scheiben Vollkorntoast, 2 EL gehackter Schnittlauch

- Spargel schälen, in kochendem Salzwasser mit etwas Zucker 15 Minuten bissfest garen. Spargelstangen abtropfen lassen und halbieren.
- Schinken fein würfeln, mit Salz, Pfeffer, Zitronensaft, saurer Sahne und etwas Käse verrühren.
- Toastbrot mit Schinken-Käse-Creme bestreichen und Spargel darauf verteilen. Mit restlichem Käse bestreuen und im Backofen bei 220 °C 5–10 Minuten überbacken. Mit dem gehackten Schnittlauch bestreuen.

553 kcal, 32 g EW, 19 g F, 53 g KH, 72 mg Chol, 12 g Ba

Frühstück

50 g Müslimischung ohne Zucker, 1 kleine Banane, 200 g Kefir (10 % Fett i. Tr.)

533 kcal, 13 g EW, 26 g F, 54 g KH, 74 mg Chol, 6 g Ba

Zwischenmahl

Erdbeer-Buttermilch-Shake:
100 g Erdbeeren, 100 g Buttermilch

- Buttermilch mit klein geschnittenen Erdbeeren pürieren und kurze Zeit kühl stellen.

68 kcal, 4 g EW, 1 g F, 10 g KH, 3 mg Chol, 3 g Ba

Mittagessen

Zucchini-Melonen-Salat, Bauernomelett mit Spargel

Zucchini-Melonen-Salat: 1 kleiner Zucchino (ca. 150 g), $^1/_2$ Honigmelone (ca. 100 g), 1 EL Crème fraîche (30 % Fett i. Tr.), Zitronensaft, 1 Bund, Dill

- Den Zucchino in Scheiben schneiden und mit der gewürfelten Honigmelone mischen.
- Crème fraîche mit etwas Zitronensaft und gehacktem Dill verrühren und das Dressing über den Zucchini-Melonen-Salat geben.

137 kcal, 4 g EW, 6 g F, 12 g KH, 17 mg Chol, 3 g Ba

Bauernomelett mit Spargel: 200 g Kartoffeln, 200 g weißer Spargel, 1 Prise Salz, 1 Prise Zucker, 1 Zwiebel, 1 Ei, 1 TL Öl (kalt gepresst), 1 Bund Schnittlauch

- Kartoffeln in leicht gesalzenem Wasser kochen, pellen und in kleine Würfel schneiden.
- Spargel schälen, in kleine Stücke schneiden, in kochendem Salzwasser mit etwas Zucker ca. 15 Minuten bissfest garen.
- In einer beschichteten Pfanne das Öl erhitzen und die gewürfelten Zwiebeln darin andünsten. Die Kartoffelwürfel und Spargelstücke zugeben, das Ei unterrühren und fertig dünsten. Mit reichlich Schnittlauch bestreuen.

582 kcal, 27 g EW, 25 g F, 53 g KH, 240 mg Chol, 15 g Ba

Zwischenmahl

Frische Ananas ($^1/_4$ Frucht, ca. 150 g)

84 kcal, 0 g EW, 0 g F, 18 g KH, 0 mg Chol, 2 g Ba

Abendessen

2 Scheiben Vollkornbrot, 100 g Hüttenkäse, 30 g Kresse, Radieschen

310 kcal, 22 g EW, 2 g F, 43 g KH, 4 mg Chol, 9 g Ba

5. Tag

Frühstück

50 g Müslimischung ohne Zucker, 1 Apfel (ca. 150 g), 200 ml Milch (1,5 % Fett i. Tr.)

345 kcal, 13 g EW, 6 g F, 52 g KH, 4 mg Chol, 7 g Ba

Zwischenmahl

200 g Joghurt (1,5 % Fett i. Tr.)

84 kcal, 8 g EW, 0 g F, 10 g KH, 0 mg Chol, 0 g Ba

Mittagessen

Tomatensalat, Spargel-Kartoffel-Topf mit Putenbrustfilet

Tomatensalat: 200 g Tomaten, Salz, Pfeffer, 1 EL saure Sahne (10 % Fett i. Tr.), 1 EL Essig oder etwas Zitronensaft

- Tomaten waschen, in Scheiben schneiden und mit Salz und Pfeffer würzen.
- Saure Sahne mit dem Essig bzw. Zitronensaft verrühren und untermischen.

72 kcal, 3 g EW, 2 g F, 8 g KH, 5 mg Chol, 4 g Ba

Spargel-Kartoffel-Topf mit Putenbrustfilet: 200 g grüner Spargel, 100 g Kartoffeln, 100 g Putenbrustfilet, 50 g Frühlingszwiebeln, 1 TL Öl (kalt gepresst), 200 ml Gemüsebrühe, Salz, weißer Pfeffer, 1 EL Crème fraîche (30 % Fett i. Tr.), 1 TL Zitronensaft, 1 EL gehackte Petersilie

- Spargel schälen und in 3 cm lange Stücke schneiden.
- Kartoffeln waschen, schälen und würfeln.
- Putenbrust in feine Streifen schneiden.

- Frühlingszwiebeln putzen. Das Grün in Ringe schneiden, das Weiße klein schneiden.
- In einem Topf Öl erhitzen, Fleisch und Frühlingszwiebeln darin anbraten. Spargelstücke zugeben, kurz mitdünsten, dann Gemüsebrühe angießen und 10–15 Minuten garen.
- Mit Salz, Pfeffer und Zitronensaft abschmecken und Sauce mit Crème fraîche binden.
- Vor dem Servieren mit Frühlingszwiebelgrün und Petersilie garnieren.

425 kcal, 34 g EW, 14 g F, 33 g KH, 73 mg Chol, 7 g Ba

Zwischenmahl

200 g frische Erdbeeren

64 kcal, 1 g EW, 0 g F, 11 g KH, 0 mg Chol, 4 g Ba

Abendessen

2 Scheiben Vollkornbrot, 100 g Camembert (50 % Fett i. Tr.), 100 g Salatgurke, 1–2 Tomaten

537 kcal, 31 g EW, 21 g F, 46 g KH, 46 mg Chol, 11 g Ba

Frühstück 2 Scheiben Vollkornbrot, 100 g Hüttenkäse, 1 Kiwi

330 kcal, 22 g EW, 2 g F, 48 g KH, 4 mg Chol, 10 g Ba

Zwischenmahl 200 g Wassermelone

50 kcal, 1 g EW, 0 g F, 10 g KH, 0 mg Chol, 2 g Ba

Mittagessen **Möhrensalat mit Mandelblättchen**

158 kcal, 5 g EW, 7 g F, 15 g KH, 5 mg Chol, 8 g Ba

Grüner Spargel mit Spaghetti in Tomatensauce

Möhrensalat: 200 g Möhren, 10 g Mandelblättchen, 1 EL saure Sahne (10 % Fett i. Tr.), Zitronensaft, 1 EL Orangensaft, evtl. Salz und Pfeffer

- Möhren putzen, waschen und grob reiben.
- Saure Sahne mit Zitronensaft und Orangensaft vermischen und unterrühren. Mit Salz und Pfeffer würzen.
- Mandelblättchen unterheben.

Grüner Spargel mit Spaghetti in Tomatensauce: 125 g Spaghetti, 200 g grüner Spargel, Salz, 1 Prise Zucker, 1 Zwiebel, 1 TL Öl (5 ml), 1 Möhre, 3 Tomaten, 1 EL Tomatenmark, 2 EL süße Sahne (30 % Fett i. Tr.), Pfeffer, Oregano, Thymian, 2 EL gehacktes frisches Basilikum

- Geschälten Spargel in kochendem Salzwasser mit etwas Zucker 10 Minuten garen. In Stücke schneiden.
- Spaghetti in reichlich kochendem Salzwaser ca. 10 Minuten bissfest kochen.

- Zwiebeln klein schneiden und in Öl andünsten. Möhre klein schneiden und kurze Zeit mitdünsten. Tomaten klein schneiden, zugeben und kurz erhitzen.
- Tomatenmark und süße Sahne unterrühren und mit Salz, Pfeffer, Thymian und Oregano abschmecken.
- Spargelstücke unterheben und Sauce mit Basilikum bestreuen.

780 kcal, 24 g EW, 18 g F, 120 g KH, 91 mg Chol, 17 g Ba

Zwischenmahl

Dickmilch mit Orangensaft

100 ml Dickmilch (3,5 % Fett i. Tr.), 100 ml Orangensaft

106 kcal, 3 g EW, 3 g F, 12 g KH, 13 mg Chol, 1 g Ba

Abendessen

Gefüllter Vollkornpfannkuchen mit Erdbeeren

150 g Erdbeeren, 100 ml Dickmilch (3,5 % Fett i. Tr.), 30 g Vollkornmehl, 1 Ei (ca. 60 g), 1 Prise Salz, 1 Prise Zucker 3–4 EL Milch (1,5 % Fett i. Tr.), ca. 60 ml, $^1/_2$ TL Öl (ca. 3 ml)

- Erdbeeren klein schneiden. Mit Dickmilch vermischen.
- Für den Teig Mehl, Ei, Salz, Zucker und Milch verrühren. Anschließend eine halbe Stunde quellen lassen.
- In einer beschichteten Pfanne im heißen Öl einen Pfannkuchen ausbacken.
- Den Pfannkuchen mit der Erdbeer-Dickmilch-Mischung füllen.

479 kcal, 25 g EW, 20 g F, 39 g KH, 256 mg Chol, 6 g Ba

Frühstück

50 g Müslimischung ohne Zucker, 1 kleine Banane, 200 g Kefir

533 kcal, 13 g EW, 26 g F, 54 g KH, 74 mg Chol, 6 g Ba

Zwischenmahl

200 g Joghurt (1,5 % Fett i. Tr.)

84 kcal, 8 g EW, 0 g F, 10 g KH, 0 mg Chol, 0 g Ba

Mittagessen

Paprika-Rohkost und Spinat-Spargel-Gratin auf Vollkornreis

Paprika-Rohkost: 1 kleine rote Paprika, 1 kleine gelbe Paprika, 30 g Kresse. Salz, Pfeffer, 1 EL saure Sahne (10 % Fett i. Tr.), 1 EL Essig oder etwas Zitronensaft

- Paprika putzen, waschen und in feine Streifen schneiden.
- Saure Sahne mit dem Essig oder Zitronensaft verrühren, mit Salz und Pfeffer würzen und untermischen.
- Kresse darüber streuen.

71 kcal, 3 g EW, 2 g F, 7 g KH, 5 mg Chol, 5 g Ba

Spinat-Spargel-Gratin auf Vollkornreis: 60 g Vollkornreis, 1 TL Öl, $^1/_2$ l Gemüsebrühe, 200 g weißer Spargel, 1 Prise Salz, 1 Prise Zucker, 100 g Spinat, 150 ml Gemüsebrühe, 2 EL Crème fraîche (30 % Fett i. Tr.), 50 g geriebener Hartkäse (Greyerzer oder Emmentaler, 45 % Fett i. Tr.)

- Vollkornreis in Öl glasig dünsten. Mit Gemüsebrühe ablöschen und bei kleiner Hitze ca. 30–40 Minuten ausquellen lassen.
- Spargel schälen und in kochendem Salzwaser mit etwas Zucker ca. 15 Minuten bissfest garen.
- Spinat etwas klein schneiden und kurz (ca. 3–5 Minuten) blanchieren.
- Spargel und Spinat in eine leicht gefettete Auflaufform schichten: Gemüsebrühe mit Crème fraîche verrühren und darüber gießen.
- Mit dem geriebenen Hartkäse bestreuen und bei 200–220 °C ca. 10–15 Minuten gratinieren.

556 kcal, 25 g EW, 36 g F, 25 g KH, 82 mg Chol, 5 g Ba

Zwischenmahl

Erdbeeren mit Kefircreme

150 g Erdbeeren, 150 g Kefir, Zitronensaft, 1 Prise Zucker

- Erdbeeren waschen und klein schneiden.
- Kefir mit Zitronensaft und etwas Zucker verrühren und unter die Erdbeeren mischen.

257 kcal, 5 g EW, 15 g F, 19 g KH, 55 mg Chol, 3 g Ba

Abendessen

2 Scheiben Vollkornbrot, 100 g Hüttenkäse, 30 g Kresse, Radieschen

323 kcal, 23 g EW, 2 g F, 45 g KH, 4 mg Chol, 10 g Ba

8. Tag

Frühstück

2 Scheiben Vollkornbrot, 100 g Camembert (50 % Fett i. Tr.), 100 g Salatgurke, 1–2 Tomaten

537 kcal, 31 g EW, 21 g F, 46 g KH, 46 mg Chol, 11 g Ba

Zwischenmahl

Erdbeeren-Buttermilch-Shake

150 g Erdbeeren, 150 g Buttermilch

- Erdbeeren waschen und klein schneiden.
- Buttermilch mit den Erdbeeren pürieren und kurze Zeit kühl stellen.

102 kcal, 6 g EW, 1 g F, 14 g KH, 4 mg Chol, 3 g Ba

Mittagessen

Bunter Spargelsalat

300 g Weißer Spargel, 1 Prise Salz, 1 Prise Zucker, 50 g Lollo Rosso, 1 große rote Zwiebel (ca. 150 g), 2–3 Tomaten (ca. 150 g), 1 EL Essig, Zitronensaft, weißer Pfeffer, 1 TL Öl
2 Scheiben Vollkorntoast

- Spargel schälen und in kochendem Salzwasser mit etwas Zucker ca. 10–15 Minuten sehr bissfest garen. Anschließend in ca. 5 cm lange Stücke schneiden.
- Lollo Rosso putzen, waschen und klein zupfen. Zwiebel in Ringe schneiden. Tomaten waschen und vierteln.
- Essig, Zitronensaft, Salz, Pfeffer und Öl verrühren und mit den vorbereiteten Zutaten vermischen.
- Dazu passt leicht getoasteter Vollkorntoast.

463 kcal, 15 g EW, 18 g F, 54 g KH, 0 mg Chol, 14 g Ba

Zwischenmahl

Ananas ($^1/_4$ frische Frucht, ca. 150 g)

84 kcal, 0 g EW, 0 g F, 18 g KH, 0 mg Chol, 2 g Ba

Abendessen

Gurken-Tomaten-Salat
und weißer Spargel mit Kräuter-Rührei

Gurken-Tomaten-Salat: 200 g Salatgurke, 1 Tomate, Salz, Pfeffer, 1 EL saure Sahne, 1 EL Essig oder Zitronensaft

- Salatgurke in Scheiben schneiden und die Tomate achteln. Beides vermischen und mit Salz und Pfeffer würzen.
- Saure Sahne mit dem Essig bzw. Zitronensaft verrühren und untermischen.

69 kcal, 3 g EW, 2 g F, 8 g KH, 5 mg Chol, 3 g Ba

Weißer Spargel mit Kräuter-Rührei: 200 g weißer Spargel, 1 Prise Salz, 1 Prise Zucker, 1 Ei (ca. 60 g), 3–4 EL Milch (1,5 % Fett i. Tr.), ca. 60–80 ml, Pfeffer, je 1 EL gehackter Schnittlauch, Petersilie und Dill, $^1/_2$ TL Öl (2–3 ml), 1 Scheibe Vollkorntoast

- Spargel schälen und in kochendem Salzwasser mit etwas Zucker ca. 15 Minuten bissfest garen.
- Ei mit Milch gut verquirlen, mit Salz und Pfeffer würzen und die gehackten Kräuter unterrühren.
- In der Pfanne Öl erhitzen und Kräuter-Rührei stocken lassen. Dazu leicht getoasteter Vollkorntoast.

455 kcal, 26 g EW, 17 g F, 41 g KH, 243 mg Chol, 5 g Ba

Frühstück

50 g Müslimischung ohne Zucker, 150 g Erdbeeren, 200 g Dickmilch (3,5 % Fett i. Tr.)

317 kcal, 14 g EW, 6 g F, 44 g KH, 2 mg Chol, 6 g Ba

Zwischenmahl

1 kleine **Banane** (ca. 100 g)

88 kcal, 1 g EW, 0 g F, 19 g KH, 0 mg Chol, 3 g Ba

Mittagessen

Bunter Frühlingssalat und Schlemmernudeln in Spargel-Tomaten-Sauce

Bunter Frühlingssalat: 50 g Lollo Rosso, 100 g Salatgurke, 50 g Tomaten, 50 g Frühlingszwiebeln, 1 TL Öl, 1 EL Essig oder Zitronensaft, Salz, Pfeffer

- Lollo Rosso putzen, waschen und klein zupfen.
- Gurke und Tomaten waschen und in Scheiben schneiden. Frühlingszwiebeln fein schneiden.
- Essig oder Zitronensaft mit etwas Salz, Pfeffer und Öl verrühren und dann mit den vorbereiteten Zutaten vermischen.

155 kcal, 3 g EW, 8 g F, 14 g KH, 0 mg Chol, 3 g Ba

Nudeln in Spargel-Tomaten-Sauce: 100 g grüne Bandnudeln, 150 g weißer Spargel, 1 Prise Salz, 1 Prise Zucker, 50 g Tomaten, 1 TL Öl (kalt gepresst), 1 kleine Frühlingszwiebel (ca. 30 g), Salz, weißer Pfeffer, 2 EL Crème fraîche (30 % Fett i. Tr.), 2 EL gehackte Petersilie, 40 g Parmesankäse, gerieben

- Spargel schälen. Spargelköpfe abschneiden und beiseite legen. Von den Spargelstangen mit einem Kartoffelschäler dünne Streifen abschneiden. Spargelstreifen und Spargelköpfe in kochendem Salzwasser 1–2 Minuten blanchieren. Abgießen und gut abtropfen lassen.
- Grüne Bandnudeln in reichlich kochendem Salzwasser bissfest kochen.
- Frühlingszwiebel fein schneiden und in heißem Öl glasig dünsten. Tomaten klein schneiden und kurz erhitzen.
- Crème fraîche unterrühren und mit Salz und Pfeffer abschmecken. Spargelstücke unterheben und Sauce mit Parmesankäse und Petersilie bestreuen.

563 kcal, 25 g EW, 27 g F, 47 g KH, 71 mg Chol, 6 g Ba

Zwischenmahl

Joghurt (200 g Joghurt, 1,5 % Fett i. Tr.)

84 kcal, 8 g EW, 0 g F, 10 g KH, 0 mg Chol, 0 g Ba

Abendessen

2 Scheiben Vollkornbrot, 100 g Camembert (50 % Fett i. Tr.), 30 g Kresse, Radieschen

530 kcal, 31 g EW, 21 g F, 44 g KH, 46 mg Chol, 10 g Ba

Frühstück

2 Scheiben Vollkornbrot, 100 g Hüttenkäse, 1 Kiwi

330 kcal, 22 g EW, 2 g F, 48 g KH, 4 mg Chol, 10 g Ba

Zwischenmahl

Dickmilch mit Orangensaft

100 ml Dickmilch (3,5 % Fett i. Tr.), 100 ml Orangensaft

106 kcal, 3 g EW, 3 g F, 12 g KH, 13 mg Chol, 1 g Ba

Mittagessen

Möhrensalat und Truthahnfilet in Champignonsauce und grünem Spargel

Möhrensalat: 200 g Möhren, 10 g gehackte Haselnüsse, 1 EL saure Sahne, Zitronensaft, 1 EL Orangensaft

- Möhren putzen, waschen und grob reiben.
- Saure Sahne mit Zitronensaft und Orangensaft vermischen. Eventuell mit Salz und Pfeffer würzen.
- Gehackte Haselnüsse unterheben.

153 kcal, 4 g EW, 8 g F, 13 g KH, 5 mg Chol, 7 g Ba

Truthahnfilet in Champignonsauce, grüner Spargel: 100 g Kartoffeln, 200 g grüner Spargel, 1 Prise Salz, 1 Prise Zucker, Pfeffer, $^1/_2$ TL Öl (2–3 ml), 100 g Truthahnfilet, $^1/_2$ Zwiebel (ca. 50 g), 100 g Champignons, Zitronensaft, 1 EL Crème fraîche (30 % Fett i. Tr.)

- Die ungeschälten Kartoffeln waschen und in leicht gesalzenem Wasser 20–25 Minuten bissfest kochen.
- Spargel schälen und in kochendem Salzwasser mit etwas Zucker ca. 10 Minuten bissfest garen.

- Truthahnfilet mit Salz und Pfeffer würzen und in beschichteter Pfanne in heißem Öl von beiden Seiten braten. Fleisch herausnehmen und warm stellen.
- Zwiebel fein schneiden und im restlichen Öl dünsten. Pilze in Scheiben schneiden und mitdünsten. Crème fraîche unterrühren und mit Zitronensaft, Salz und Pfeffer abschmecken.
- Truthahnfilet in Champignonsauce zusammen mit grünem Spargel und Pellkartoffeln anrichten.

639 kcal, 41 g EW, 27 g F, 46 g KH, 119 mg Chol, 8 g Ba

Zwischenmahl

Wassermelone (200 g)

50 kcal, 1 g EW, 0 g F, 10 g KH, 0 mg Chol, 2 g Ba

Abendessen

Erdbeer-Quark-Auflauf mit Haselnüssen

200 g Erdbeeren, 200 g Magerquark, 2 EL süße Sahne (30 % Fett i. Tr.), 1 TL Zitronensaft, evtl. etwas Zucker, 10 g gehackte Haselnüsse

- Erdbeeren waschen und klein schneiden. Süße Sahne steif schlagen, mit Magerquark und Zitronensaft verrühren und eventuell mit etwas Zucker süßen.
- Erdbeeren in eine feuerfeste Form geben und die Quarkmischung darauf verteilen.
- Mit den gehackten Haselnüssen bestreuen und bei 180–200 °C ca. 5–10 Minuten überbacken.

400 kcal, 29 g EW, 16 g F, 25 g KH, 34 mg Chol, 5 g Ba

Wichtige Adressen

Vereinigung der Spargelanbauer in Niedersachsen e.V.
Lange Str. 49, 27318 Hoya, Tel.: 0 42 51/30 02,
Fax: 0 42 51/30 93

Spargelanbauer in Westfalen-Lippe e.V.
Westrup 10, 59348 Lüdinghausen, Tel. 0 25 91/30 57

Beelitzer Spargel e.V.
Falkenhorst 14, 14478 Potsdam, Tel. 03 31/86 08 78

Verband Süddeutscher Spargelanbauer e.V.
Nordbaden:
Kurze Allee, 76694 Forst, Tel. 0 72 51/30 00 60,
Fax: 0 72 51/1 30 61

Südbaden:
Lazariterstr. 2, 79189 Bad Krozingen-Schlatt,
Tel.: 0 76 33/39 65, Fax: 0 76 33/44 58

Pfalz:
Falterweg 66, 67229 Gerolsheim, Tel. 0 62 38/48 64,
Fax: 0 62 38/10 26

Südhessen:
Tannenhof, 64331 Weiterstadt, Tel. 0 61 50/1 46 00,
Fax: 0 61 50/45 84

Rheinhessen:
Probststr. 24, 55128 Mainz-Bretzenheim, Tel. 0 61 31/3 52
85, Fax: 0 61 31/3 52 66

Spargel-Erzeugerverband Nordbayern und Südbayern e.V.
Max-Joseph-Str. 9, 80333 München, Tel. 0 89/5 58 73-1 01,
Fax: 0 89/5 58 73-5 05

Spargel-Erzeugerring Südbayern e.V.
Tal 33, 80331 München, Tel. 0 89/29 00 63 16,
Fax: 0 89/29 00 63 20

Das Europäische Spargelmuseum
Am Hofgraben 1a, 86520 Schrobenhausen, Tel. 0 82 52/70 13, Öffnungszeiten: 15. April – 30. Juni tgl. 10–18 Uhr, 1. Juli–30. Sept. tgl. außer Mo 14–16 Uhr, 1. Okt.–14. April Sa, So, Mi 14–16 Uhr.

Register